大人の学参

まるわかり日本史

相澤 理

文春新書

1420

歴史は、学校を卒業して社会人になってからこそ、改めて学び直したくなるものかもしれません。

本書は、あなたの知識を再起動させ、アップデートして繋ぎ直し、現代の私たちが直面する様々な問題を考えるのに役立つ「大人の学習参考書」を目指しています。

東京大学をはじめ、有名大学の入試問題から、大人の学び直しの手がかりになる問題を選んで解説しています。問題を解きながら歴史の理解を深め、古代から近世まで、日本史を通史的に摑む入門編をお届けします。

【文春新書編集部】

大人の学参　まるわかり日本史◎目次

第二部　中世

第三部　近世

※本書で引用した各大学の入試問題は一部体裁を改めております。

まえがき

筆者が高校や予備校の教室で問題演習の授業をするとき、常に心がけているのが、「楽しそうに問題を解く」ということです。時おり「これは良い問題だ」という言葉を挟みながら、それがどのような点で「良い問題」なのかも説明します。

もちろん、中には出題の意図が分からない、首をかしげたくなるような問題もあるにはあるのですが、そうした素振りを生徒に見せることはありません。それは、そうすることで生徒にとって得になることが、何一つないからです。それよりもむしろ、「良い問題」に対してはっきりと「良い問題」だと言い、楽しそうに解いていた方が、生徒もその問題に興味を持ってくれて、得られるものが大きいでしょう。学びの道はいつも、その対象への興味関心、少し格好つけて言えば、「知的好奇心」によってこそ開かれます。

我が身を振り返れば、筆者はそういう本ばかりを書いてきました。東京大学の入試問題をただ解くという本が、幸運にも数多くの読者を得られたのも、東大の先生方が繰り出す問いに対する私の熱量のようなものが、きちんと伝わったからなのだと思います。そして、本書でも、そのような姿勢はまったく変わりません。

さて、それでは「良い問題」とはどのような問題なのでしょうか？　筆者には、三つの基準があります。

まず一つめは、「自明に思える物の見方や考え方に揺さぶりをかけてくる」ということです。それまで当たり前のように考えていたことが、別の角度から光を当てることによって、あるいは、史料を掘り下げて読むことによって、新たな一面が見えてくる。それが歴史を学ぶ面白さですし、入試問題にも、新しい研究成果を踏まえて従来の「常識」を問うようなものが見られます。そしてまた、そうした問題に敏感に反応して、自らの持つ知識をアップデートしていくことも、教える者にとっては当然の努めです。

続いて二つめは、「この国の成り立ちが見えてくる」ということです。もちろん、歴史上の人物には魅力あふれるエピソードが多々ありますが、この国の歴史を学ぶからには、私たちが生きているこの国が、いかにして今こうなっているのかが分からなくては意味がありません。入試問題にも、一つめのことと連動しながら、「この国の成り立ち」について考えさせられる問題があります。また、現代の社会や文化にも、私たちが想像する以上に歴史が深く刻まれています。そのようにこの国の成り立ちとして歴史を理解することで、真っ当な形でこの国を愛する心が養われるでしょう。

最後に三つめは、これも一つめ二つめと連動していることですが、「現代の諸問題を考えるうえで手がかりを与えてくれる」ということです。例えば、ウクライナのゼレンスキー大統領を招くなど広島サミットで世界に対するアピールに成功した岸田文雄首相や、まさに「日本の顔」として各国とのトップ外交に努めた安倍晋三元首相の外交手腕は、内政に対する賛否両論を抜きにして正当に評価されるべきものと筆者は考えますが、そうした外交能力は、この国の国際的環境の中で鍛えられてきたものであるということが、古代以来の対外関係を概観することで見えてきます。

実は、そのような現実的な関心に基づく出題というのが、入試問題には散見されます。例えば、平成から令和への移り変わりに際して、皇室のあり方や皇位継承のあり方が広く議論の対象となりましたが、そうした中で、古代や中世において皇位継承がどのようにして行われていたのかということが、一大テーマとなっていました。歴史を通して今を考える、それもまた歴史を学ぶ意味です。

本書では、これら三つの基準に即して、大人の学び直しにも耐えうる「良い問題」を古代から近世まで十二問、精選しました。

まず、一つめに関しては、後醍醐天皇の「建武の新政」が長続きしなかった理由を問う中世2や、田沼意次の財政政策を問う近世3の問題を通して、従来の教科書とは異なる後醍醐天皇像、田沼意次像が見えてくるでしょう。あるいは、律令制（太政官制）と摂関政治の関係を問う古代3の問題なども、新鮮に映るかもしれません。

次に、二つめに関しては、本書は古墳の変遷を通じて古代国家の進展を問う古代1の問題からスタートします。その後、古代の農村社会の変容を問う古代4や、江戸幕府の支配体制の根幹を問う近世1、享保の改革における物価政策を問う近世2の問題などから、この国の歴史がどのような原理で動いてきたのかを理解することができるはずです。また、院政期から鎌倉時代にかけての宗教・文化の受容層の広がりについて問う中世4の問題からは、この国の文化の成り立ちを知ることができるでしょう。

最後に、三つめに関しては、遣隋使の外交態度を倭の五王のそれと比較する古代2の問題や、江戸時代における「鎖国」下の日中関係について問う近世4の問題が、先に述べた私たちに具《そな》わる外交能力に関わります。また、中世における皇位継承のあり方を問うたのが中世１の問題です（その他、古代３や中世２の問題も皇位継承に関係します）。さらに、史料や絵図を用いて中世の農村のあり方を問う中世３の問題は、現代の農業が抱える課題や、これからの教育のあり方についても考えさせられます。

前置きが長くなりましたが、本書では、以上の点を踏まえ、「良い問題」の良さを十分に引き出すべく、言葉に魂を込めて書きました。ですので、皆さんもどうぞ二度読んで、その奥深さを味わい尽くしてください。一度めは、歴史を学ぶ楽しさを体感するために。二度めは、歴史を学ぶ意味を理解するために。

第一部　古代

大仙陵古墳

古代1

古墳の変遷から国作りの過程が見えてくる

「前方後円墳」は、なぜ「前円後方墳」と呼ばないのか？

前方後円墳の特徴的な形とその大きさに、学生時代に教科書などで写真を見て魅了された方も多いのではないかと思います。

「前方後円墳」という呼び名は、江戸時代の国学者である蒲生《がもう》君平《くんぺい》が、天皇陵（山陵）について調べ上げて著した書物『山陵志《さんりょうし》』に、「前方後円」と記したことに始まりますが、なぜ「前方後円墳」であって「前円後方墳」とは呼ばないのでしょうか？

実は、死者を埋葬するのは円の部分で、方（四角）の部分は弥生時代に見られた墳丘墓（後述）の突出部が大きくなったものである、死者を埋葬する際に葬列が通る墓道であったなどと考えられています。いずれにしろ、円の部分が奥に位置する主、方の部分がそれに付け足された従という関係であるので、「前方後円墳」と呼ばれるのです。

さて、前方後円墳を含む古墳は、3世紀半ばから7世紀にかけて４００年近くにわたって築造されましたが、その間に形状・大きさ・副葬品などに変化があり、そこからこの国の形成過程を読み取ることができます。本書で最初の問題となる、新潟大学の次の問題で、墓制の変遷と国家形成との関係について考えてみましょう。

【問題】

弥生時代・古墳時代は、原始社会の変質・解体が進み、中央集権的な律令国家の支配する古代社会が確立するまでの激しい社会変動の時代であった。

その過程は墓制《ぼせい》に強く反映している。この時代の墓制の変遷を、歴史的な意味も考えながら、以下の語句をすべて使って４００字以内で述べよ。語句を重複して使用してもよい。使用した語句には必ず下線を引くこと。

鏡　甕棺墓《かめかんぼ》　畿内　共同墓地　集落　須恵器　前方後円墳　銅剣　馬具

方形周溝墓　北部九州　横穴式石室

（新潟大　１９９２年度）

稲作の開始とともにクニの形成が始まる

本問では古墳時代の一つ前の弥生時代から問われています。弥生時代と言えば大陸から稲作が伝わった時代ですが（近年の研究で始まりと推定される時期はより早まっており、現行の教科書の記述では紀元前5～4世紀とされていますが、紀元前10世紀までさかのぼる説も有力です）、この稲作の開始こそが、日本列島において国家の形成を促す原動力であったと考えられています。

どういうことでしょうか？　狩猟・採集を主とした縄文時代のように、森林に行ってドングリを採ってくるのとは異なり、稲作を行うには「ここは自分たちの土地だ。自分たちが耕す」と他の集団に対して認めさせる必要があります。言わば「領土」の発生です。また、田植え（はじめは直播《じかま》きをしていました）から収穫まで共同作業が求められ、集団を統率する強力なリーダー（首長）を必要としました。こちらは言わば「王」の起源です。こうして、稲作の開始とともに、九州北部を中心にクニ（小国家）の形成が始まりました。

そのことは、縄文時代との墓制の違いから窺い知ることができます。

縄文時代には集落を取り囲むように死者が埋葬されましたが、墓の大きさや副葬品に明確な違いはありません。このことは、縄文時代には集団の統率者はいても身分の上下や貧富の差はなかったことを示しています。

　ところで、縄文時代の葬法としては、身体を折り曲げた屈葬《くっそう》が知られています。上から押さえつけるように遺体に石を抱かせている（抱石葬《だきいしそう》）ことも多いので、死霊の活躍を防ぐためと説明されることが多いですが、胎児の姿に戻して再生への祈りを込めたとする説も有力です。

　縄文時代には森林や海などの食糧環境も良くなりましたが、過酷な自然の中で生きていることには変わりありません。大規模集落の跡として知られる三内丸山《さんないまるやま》遺跡（青森県）からは集団墓地が発見されていますが、遺骨の大きさから半数以上が成人前に亡くなったと考えられています。そうした中で再生への祈りを込めたと考えるのは自然でしょう。

　また、貝塚から遺骨が発見される場合もあります。貝塚も、たんなるゴミ捨て場ではなく、自然からいただいたものを送り返す場であったとみれば、縄文時代の人々は人間と他の生き物を区別せず、いっしょに自然に送り返したと捉えられるかもしれません。

　話を墓制の変遷と国家形成との関係に戻しましょう。縄文時代には葬法や副葬品に明確な違いが見られなかったのに対し、弥生時代になると、多くは集落近くの共同墓地に埋葬される一方で、支配層が被葬者であると明らかに分かる、規模の大きな墓や特別な副葬品を伴った墓が見られるようになります。

例えば、畿内を中心に広く分布するのが、方形の墳丘の周りに溝をめぐらせた方形周溝墓《ほうけいしゅうこうぼ》です。また、1世紀半ばに中国の後漢に遣使した奴国《なこく》の中心と推定される須玖《すぐ》岡本遺跡（福岡県）からは、30枚以上の銅鏡や、銅剣・銅矛が副葬された甕棺墓《かめかんぼ》（甕型の土器を二つ合わせ、その中に遺体を納めた墓）が発見されており、王墓と考えられています。後漢に使いを遣わすことで手に入れた青銅器は、王の権力の象徴でした。このように、稲作の開始とともにクニを支配する首長が現れ、それが墓制にも反映されているのです。

弥生時代後期（2世紀後半）に築造された楯築《たてつき》墳丘墓（楯築遺跡・岡山県）は、中央の円部の両端に突出部を伴った80メートル規模の大きな墳丘墓で、その形状や特殊器台（文様を施した筒状の土器）などの副葬品から、前方後円墳との関連性が指摘されています

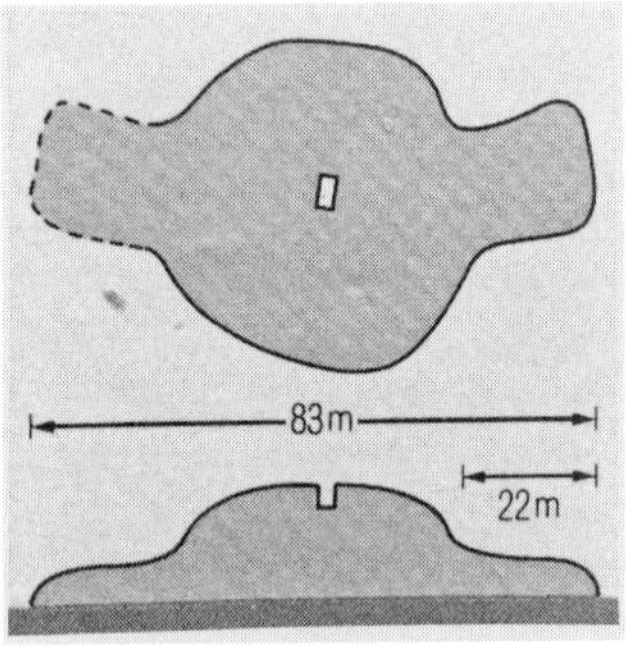

図1　楯築墳丘墓

出典：『新詳日本史』（浜島書店）

（実際、中国地方の豪族はヤマト政権でも大きな力を持ったと考えられます。後述）。弥生時代には、クニ同士の争いをへて統合が進みました。そして、そこから「日本」という国家の原型となるヤマト政権が立ち現れてくるのです。

前方後円墳があれば、前方後方墳もある

さて、3世紀半ばになると、畿内を中心に前方後円墳が出現します。このことは、国家形成においてどのような意味をもつのでしょうか？

第一に、その規模の大きさです。古墳が出現した3世紀半ばころのものとしては最大の箸墓《はしはか》古墳（奈良県）は、墳丘長が280メートルで、先に見た楯築墳丘墓が80メートル規模ですから、3倍以上の大きさです。これだけの規模の古墳を造るには、大勢の人を長い期間にわたって動員する必要があります（5世紀に築造された、墳丘長486メートルと全国第1位の大きさを誇る大仙陵《だいせんりょう》古墳（大阪府）は、のべ680万人の動員を要し、1日あたり2000人を動員したとして15年8ヶ月かかると試算されています）。つまり、それが可能な強力な支配者が現れたということです。

第二に、共通の墓制と葬法です。前方部と後円部からなるという特徴的なその形はもち

ろん、周囲に円筒埴輪《はにわ》や葺石《ふきいし》をならべて墳域を誇示し、後円部の上からタテに穴を掘り、石室に亡骸を埋葬する（竪穴《たてあな》式石室）という形式も同じです。また、5世紀ころになると、前方部と後円部の大きさの比が一致しており、同じ設計によると推定される古墳群も出現します。つまり、共通のお墓を造る政治グループが存在していたと考えられるわけです。

このように、前方後円墳の出現は、大和《やまと》地方（奈良県）を中心とする強大な政治連合の形成をうかがわせるものであり、これをヤマト政権と呼んでいます。

なお、先に述べた箸墓古墳があるのが纏向《まきむく》遺跡です。纏向遺跡からは大型の建物群が発見されており、ヤマト政権の最初の王都であったと考えられています。また、箸墓古墳の被葬者は『日本書紀』に記される「倭迹迹日《やまとととび》百襲姫命《ももそひめのみこと》」に治定《じじょう》され、女性であることからかつては卑弥呼の墓とする説もありました。最近では否定的な意見が多いですが、邪馬台国とヤマト政権の関係からも注目されています。

話を戻しましょう。古墳は3世紀半ばに出現して以降、7世紀まで400年近くにわたって築造されますが、この古墳時代は、葬法や副葬品によって、前期（3世紀半ば～4世紀後半）・中期（4世紀末～5世紀末）・後期（6世紀）・終末期（6世紀末～7世紀）の4つの時期に分けられます。まず、前期古墳の特徴から見ていきましょう。

第一に、副葬品としては、銅鏡や勾玉《まがたま》といった呪術的な色彩を帯びたものが中心です。このことは、支配者の司祭者的な性格を示しています。例えば、黄金塚《こがねづか》古墳（大阪府）からは、卑弥呼が中国の魏に使いを遣わした景初《けいしょ》三年（２３９）の銘の入った銅鏡が発見されています。卑弥呼と言えば鬼道《きどう》（シャーマニズム）によって国を治めたとされていますので、ヤマト政権の初期の支配者も同じような性格を帯びていたのでしょう。

第二に、同一の鋳型で造られたと考えられる同笵鏡《どうはんきょう》が、畿内を中心に分布しています。ヤマト政権が同じ鏡を造って各地の有力者に配ったと考えられるわけで、同笵鏡の分布はヤマト政権の勢力範囲を示していると言えます。そこで、分布を見ると、近畿から西日本を中心に広がっており、東日本にはあまり見られません。つまり、古墳前期の段階では、ヤマト政権の支配はまだ東日本には及んでいなかったと考えられるのです。

面白いことに、出現期には関東地方から東北地方南部にかけて、前方部と後方部からなる前方後方墳が見られます。前方後円墳と比較して規模が小さいため、ヤマト政権内でランク分けされていたとする説も有力ですが、ヤマト政権に対抗しうる政治連合が東日本に存在していたのかもしれません。

巨大古墳の出現

前期古墳（3世紀半ば～4世紀後半）から中期古墳（4世紀末～5世紀末）へと話を進めましょう。前期から中期へ、古墳のあり方は変化しますが、そのことはヤマト政権の発展を物語っています。

第一に、墳墓の巨大化です。墳丘長第1位が先に述べた486メートルの大仙陵古墳、第2位が425メートルの誉田《こんだ》御廟山《ごびょうやま》古墳、第3位が365メートルの上石津《かみいしづ》ミサンザイ古墳と、現在の大阪府に巨大古墳が出現します。前期の箸墓古墳の280メートルと比較しても圧倒的な大きさです。このことは、ヤマト政権の権力が強大化したことを意味しており、その首長（王）を「大王《おおきみ》」と呼ぶようになります。後の天皇です（なお、大仙陵古墳は仁徳天皇陵、誉田御廟山古墳は応神天皇陵に治定されていますが、現在ではそれを否定する説が有力です）。

第二に、副葬品の変化です。前期は銅鏡や勾玉などが副葬されましたが、中期には馬具や武具が中心となります。このことは、被葬者であるヤマト政権の支配層が、権力の強化と平行して、司祭者的な性格を脱し、武人的な性格を強めていたことをうかがわせます（なお、5世紀には朝鮮半島から騎馬の技術が伝わりました。かつては騎馬民族征服王朝説なども唱えられましたが、現在では少数派です）。

第三に、前方後円墳の全国化です。先に見たように、前期には東日本では前方後方墳が見られましたが、中期には姿を消します。また、地方の古墳も巨大化します。例えば、岡山県の造山《つくりやま》古墳は墳丘長３６０メートルで全国第４位です。このことは、ヤマト政権が地方に支配領域を拡大していたことを示します。

まとめましょう。ヤマト政権は中期にいたり、近畿地方を中心とする政治連合から、軍事力を背景とした全国的政権へと脱皮した。そのことが、古墳のあり方の変化からうかがわれるわけです。

「ワカタケル大王」の勢力拡大

そのようなヤマト政権の発展を裏付ける出土資料として、稲荷山《いなりやま》古墳（埼玉県）出土の鉄剣と、江《え》田《た》船山《ふなやま》古墳（熊本県）出土の鉄刀が注目されます。両鉄器には「ワカタケル大王」と読める銘文があり、前者に干支で表記されている「辛亥《しんがい》年」が４７１年であると考えられるため、雄略天皇と推定されています。つまり、ワカタケル大王（雄略天皇）から関東地方・九州地方の豪族に贈られたものということです。

このことについて3つの側面から深掘りしてみましょう。

第一に、ヤマト政権の支配領域の拡大について。「ワカタケル大王」の銘の入った鉄剣・鉄刀が、埼玉県と熊本県にある古墳から出土したのですから、5世紀後半にはヤマト政権は関東地方から九州地方北部までを勢力下に置いたと捉えられます。この点は、先に見た中期古墳の分布の広がりとも一致しますね。

第二に、ヤマト政権と地方の豪族との関係について。地方にも大きな古墳が見られるというのは、地方の豪族も力を持っていたということです。例えば、先に挙げた造山古墳も、前の時代（弥生時代）の楯築墳丘墓との関連性を合わせ考えれば、中国地方の豪族がヤマト政権内で大きな地位を占めていたと考えられます。

このような視点から、ワカタケル大王が関東地方と九州地方の豪族に鉄器を贈ったことの意味を考えると、どのように捉えられるでしょうか？　もし仮にヤマト政権が地方の豪族を完全に屈服させていたとするならば、鉄器を贈る必要などありません。これを裏返せば、力のある地方の豪族に鉄器をプレゼントして支配下に引き込んだということです。つまり、中期のヤマト政権は、地方の豪族を征服したというよりも、同盟関係を結びながら勢力を拡大していたとみるべきでしょう（後期になると地方の豪族との関係が変化しますので、この点については後述します）。

そして第三に、鉄器の果たした役割と入手ルートです。弥生時代以来、日本列島に現れた支配者は、中国の王朝に遣使することで大陸から金属器（鉄器・青銅器）を手に入れ、国内の支配に活かしてきました。奴国や邪馬台国は、中国に使いを遣わすことで銅鏡などを独占的に入手し、それを近隣のクニにも配ることで、国内で優位を占めてきたのです。同様に、ヤマト政権も大陸から入手した鉄器を用いて地方の豪族を取り込んでいったと考えられます。

詳しくは次の問題で見ますが、ヤマト政権は4世紀後半ころから、鉄資源を求めて朝鮮半島南部に進出していました。その際に中国東北部に成立していた高句麗《こうくり》と争ったことが、高句麗好太王《こうたいおう》（広開土《こうかいど》王《おう》）碑に記されています。そして、朝鮮半島での有利な地位を得るために、5世紀には5人の王（倭の五王）が中国の南朝の宋に朝貢するのです。

地方古墳の被葬者が変わる

さて、後期（6世紀）になると、古墳のあり方に大きな変化が生じます。地方で大きな前方後円墳が築造されなくなるのです。代わって、円墳などの小型古墳が多数集まって営まれる、群集墳が見られるようになります。代表例は、新沢千塚《にいざわせんづか》（奈良県）・岩橋《いわせ》千塚（和歌山県）などです。

この変化は、どのようなことを意味しているのでしょうか？　中期に地方で大きな前方後円墳を造っていたのは、力のある地方の豪族でした。だとすれば、それが見られなくなるということは、地方の豪族が勢力を失ったという意味であると考えられます。６世紀になると、ヤマト政権は同盟関係を脱して、地方の豪族を服属させていったのです。

例えば、５２７年には、筑紫《つくし》（福岡県）の国造《くにのみやつこ》（地方官）であった磐井《いわい》が、朝鮮の新羅《しらぎ》と結んで反乱を起こしましたが、ヤマト政権は軍事で仕える中央の有力豪族であった物部《もののべ》麁鹿火《あらかい》を送り込んで鎮圧しました。同様の地方の豪族の反乱は関東地方でも発生しましたが、やはりヤマト政権により鎮圧されています。地方の豪族が反乱を起こすということ自体が、ヤマト政権との関係の変化を示していますが、ヤマト政権はそれらを鎮圧することで、地方の豪族を屈服させたわけです。

地方の豪族を服属させたヤマト政権は、その勢力地を奪って大王家の直轄地として屯倉《みやけ》を設置し、直轄民である名代《なしろ》・子代《こしろ》を送り込みました。各地に楔《くさび》のように拠点を打ち込んで、地方支配を強化していったのです。

これで地方から大きな古墳が消えたことの意味は分かりましたが、それでは、円墳などの小型古墳は誰の墓なのでしょうか？　この点について考えるうえで、古墳の内部構造の変化が推理の材料となります。

　前方後円墳においては、後円部の上からタテに穴を掘り、石室に亡骸《なきがら》を埋葬した（竪穴式石室）と説明しました。この葬法では、被葬者は一人です。石室に棺を置いたら穴を埋めてしまいますから、後から家族・親族を埋葬することはできません。

　これに対し、後期になると、ヨコから穴を開け、石室に棺を安置するという方法（横穴式石室）がとられるようになりました。棺を置く石室を玄室《げんしつ》、ヨコから開けたトンネルを羨道《せんどう》といいます。もちろん羨道には外からふたをしますが、埋めてしまうわけではありませんから、追葬することも可能です。つまり、いまのお墓のように、家族墓的な性格を持つようになったのです。それと合わせるように、副葬品も支配者を象徴する前期の銅鏡や中期の馬具・武具に代わって、人間や家をかたどった形象埴輪が墳丘上に並べられるようになりました。

　このように見ると、小型古墳の被葬者は支配者ではなく、一般の民衆であると考えられるでしょう。６世紀になると、各地でＵ字型鍬先《くわさき》が発見されます。木製の柄《え》に鉄製の刃をはめ込んだ農具が用いられるようになったと考えられるのです（木の部分は朽ちて鉄の部分だけが出土します）。こうした鉄製農具の使用により農業生産力は向上し、有力農民が台頭しました。つまり、有力農民が集団で（群集墳）、家族の墓として古墳を造るようになった。それが後期古墳であると捉えられます。

以上のとおり弥生時代からの墓制の変遷を見てきましたが、それは、この国の形成過程を反映したものでした。

【解答例】

弥生時代には稲作の開始とともにクニが形成され、貧富や身分の差が生じた。死者は集落近くの共同墓地に埋葬されたが、北部九州では特定の甕棺墓に鏡や銅剣が副葬され、また各地で大型の墳丘墓や方形周溝墓が造られるなど、首長の出現を窺わせる。3世紀半ばには、畿内を中心に共通の墓制により前方後円墳が築造され始め、ヤマト政権の成立を示している。5世紀には前方後円墳が各地に普及し、大規模化するとともに、副葬品が鏡や勾玉から馬具・武具に変化した。このことから、支配者が司祭者的性格から武人的性格を強めながら、ヤマト政権が地方に勢力を拡大したことが分かる。6世紀に入ると、地方の古墳は小型化して群集墳も見られ、追葬可能で家族墓に適した横穴式石室が一般的になって、須恵器などが副葬された。これらは、ヤマト政権が地方支配を強化して各地の豪族を服属させていった一方、農業生産力の向上とともに有力農民が台頭したことを示す。（397字）

八角墳と国家体制の転換

本問の解答としては、指定された語句からも、また、1992年度という30年ほど前の問題であるということからも、十分かと思います。しかし、最近では研究の進展により、後期（6世紀）につぐ終末期（6世紀末〜7世紀）に注目が集まっており、教科書にも記述がありますので、補足しておきましょう。

6世紀末から7世紀初頭にかけて、ヤマト政権の中心である近畿地方においても前方後円墳が見られなくなります。一斉に姿を消しますので、ヤマト政権が造営を停止したものと考えられます。

古墳は、大王や豪族にとって、権勢を誇示するためのものでした。より大きなものを造

図2　牽牛子塚古墳

って、おのれの力を示す。ヤマト政権が前方後円墳の造営を停止すると、蘇我氏の飛鳥寺《あすかでら》（法興寺《ほうこうじ》）のように、豪族らは競って氏寺《うじでら》を建設するようになります。仏教は、6世紀半ばに朝鮮の百済《くだら》から公式に伝えられていました（仏教公伝）。寺院の建立が古墳に代わって権勢の象徴となったのです（中世4でより詳しく解説します）。

　大王はどうでしょうか？　7世紀半ばになると、八角墳というその名のとおり八角形をした墳墓が大王とその一族の陵墓として営まれるようになります。斉明《さいめい》天皇の陵墓と推定される牽《けん》牛子塚《ごしづか》古墳（奈良県）は、発掘調査の後に復元整備がされていますが、その形から神々しさを感じさせます。

　従来の前方後円墳が大王・豪族ともに築造したのに対し、八角墳は大王家しか営みません。そこには、大王と豪族の間で一線を画し、大王を抜きん出た存在として位置づける意図が働いていたとみるべきでしょう。実際に、6世紀末から7世紀初めの推古朝や7世紀半ばの大化の改新において、有力豪族による連合政権を脱し、大王を中心とする体制への転換を目指す改革が進められます。そして、その突出した地位を示す称号として、7世紀後半の天武朝のころから、「大王」に代わって「天皇」が用いられるようになるのです。

こうした国家体制の転換は、実は、中国との関係や外交方針にも関わっていました。この点について、倭の五王の遣使と遣隋使の違いを問うた次の問題で考えたいと思います。

古代2

「日出づる処の天子」に込められた外交戦略

「辺境の国」日本の地政学

「当世の俗習にて、異国船の入津《にゅうしん》ハ長崎に限《かぎり》たる事にて、別の浦江《へ》船を寄《よす》ル事ハ決して成らざる事ト思《おもえ》リ。……細カに思へば江戸の日本橋より唐、阿蘭陀《オランダ》迄《まで》境なしの水路也。然《しか》ルを此《ここ》に備《そなえ》ずして長崎にのミ備ルは何ぞや。」

江戸後期に経世家の林子平《はやししへい》が幕府の海防政策を批判した『海国兵談《かいこくへいだん》』の一節です。

——幕府は外国船の入港を長崎（出島）に限定しているから、他の港には来ないと思っているようだが、江戸日本橋と中国・オランダとは水路でつながっている（だから江戸に船がやってきても不思議ではない）。なのに、江戸で備えずに長崎でばかり備えているというのはいったいどういうことだ。

実際、林子平がこの書を著した18世紀末には、ロシアが通商を求めて蝦夷地（北海道）

に来航していました。その半世紀ほど後に、アメリカのペリーが黒船を率いて浦賀（神奈川県）に来航したことは、ご存知のとおりだと思います。しかし、時の老中であった松平定信は、幕府に対する批判とみなして子平を処分しました。

「日本は海に閉ざされた島国である」というのは、私たちがどこかしらで持ち合わせた感覚です。それは、蒸気船や飛行機もない、ましてや、現代のようにインターネットで世界中と結ばれているわけでもない定信が生きた時代でしたら、なおさらのことでしょう。その感覚は、「鎖国」政策により海外との交流が制限されていたことで、より強化されたかもしれません（ただし、最近では幕府による貿易と海外情報の独占という観点から外交政策が捉え直されており、教科書でも「鎖国」を強調した記述にはなっていません。近世4で後述します）。

しかし、子平が述べるように日本列島は海によって大陸とつながっており、前問で見た金属器のように、古来、大陸からさまざまな制度や文物を摂取することでこの国は形作られてきました。しかも、それは受け身的に流入してきたのではなく、船で海を渡り積極的に入手してきたものです。

一方で、海を隔てているため隣国と対峙《たいじ》するにもワンクッションあるという言わば「遊び」は、例えば、中国と陸続きである朝鮮半島に成立した国々とは明らかに異なる感覚です。また、そのことは外交上のフリーハンドも与えてきました。

前近代において、東アジア世界の中心であったのは中国ですが、日本は「辺境の国」という地政学的条件を活かして、つかず離れずの絶妙な関係を保ってきました。そして、国内・国外の状況に応じて柔軟に外交政策を変更してきました。それは、前問の最後で触れた6世紀末のヤマト政権の転換にも関連しています。その点について、次の東大の問題を通じて考えてみましょう。

【問題】

次の史料を読み、下記の設問に答えよ。

（1）興《こう》死して弟武立つ。（略）順帝の昇明二年（478年）、使を遣して上表して曰く、封国は偏遠にして藩を外に作《な》す。昔より祖禰《そでい》（父祖、または祖父の彌〔珍〕か）躬《みずか》ら甲冑を擐《つらぬ》き、山川を跋渉《ばっしょう》して寧処《ねいしょ》に遑《いとま》あらず。東は毛人《もうじん》を征すること五十五国、西は衆夷《しゅうい》を服すること六十六国、渡りて海北を平ぐること九十五国。（略）臣（武）、

下愚《かぐ》なりといへども、忝《かたじけ》なくも先緒を胤《つ》ぎ、統《す》ぶる所を駆《く》率《そつ》して、天極（皇帝のこと）に帰崇し、道百済を遥《へ》て船舫《せんぼう》を装治す。（略）詔して武を使《し》持《じ》節《せつ》都《と》督《とく》倭・新羅・任那・加羅・秦韓・慕韓六国諸軍事安東大将軍倭王に除す。

（『宋書』倭国伝、原漢文）

（2） 大業三年（607年）、其王多利思比孤《たりしひこ》、使を遣して朝貢す。使者曰く、聞く、海西の菩薩天子、重ねて仏法を興すと。故に遣して朝拝せしめ、兼ねて沙門《しゃもん》（僧侶）数十人をして、来って仏法を学ばしむと。其の国書に曰く、「日出づる処の天子、書を日没する処の天子に致す。恙《つつが》無きや、云云《うんぬん》」と。帝（煬帝《ようだい》）、之を覧《み》て悦《よろこ》ばず。鴻《こう》臚《ろ》卿《けい》（外交を司る官）に謂《い》ひて曰く、「蛮夷《ばんい》の書、無礼なる有らば、復《ま》た以って聞《ぶん》する勿《なか》れ」と。

（『隋書』倭国伝、原漢文）

設問

A　史料（1）と史料（2）の間では、倭国の王の中国皇帝に対する対し方はどのように変化しているか、60字以内で述べよ。

B　設問Aの変化をもたらした歴史的な背景を、国内・国際両面について150字以

内で述べよ。（東大　1994年度）

「冊封体制」から比較的自由であったヤマト政権

　まず、前近代における日本の外交を理解するうえで前提となる、「冊封《さくほう》体制」と呼ばれる東アジア世界の伝統的な国際秩序について説明しておきましょう。

　「冊封」とは、もともと中国の皇帝が国内の諸侯に爵位を授与することを意味しました。諸侯は貢納や軍事奉仕の見返りに、土地の領有を認められました。このような支配体制を「封建制」と言います。要するに、皇帝と諸侯は君臣関係で結ばれているわけで、これを周辺諸国との外交関係にも押し広げたのが「冊封体制」です。

　周辺諸国の支配者は、使者に貢物を持たせて臣下の礼をとって朝貢します。すると、中国皇帝から支配する地域名の入った爵号が授与され、その地域の支配権や特別な地位を認められました（周辺諸国の支配者の立場からは、「冊封を受ける」とも表現します）。

　こうした君臣関係に、儒教における中華思想が重なり合うことで、冊封体制は形作られてきました。中華思想とは、都が置かれた現在の河南省《かなんしょう》一帯を「華やかなる地」とみなす考え方のことです。この地を、天命を受けた天子（皇帝）が徳をもって治め、周辺の文化的に遅れた化《け》外《がい》の民（異民族）はその徳を慕って訪れるとされます。このように、中国皇帝と周辺諸国の支配者は、文化的にも上下関係に位置づけられたわけです。

　ですから、中国皇帝から授与されるのは爵号だけではありませんでした。金属器などの文物も与えられましたし、さまざまな制度や技術に触れ、学ぶこともできました。そうした中国の進んだ文化の摂取が、周辺諸国の支配者が朝貢し、冊封を受ける目的でもあったのです。

　日本列島に現れた支配者も、この冊封体制という外交秩序に参入する道を選びます。前問で登場した奴国は、建武中元《けんむちゅうげん》2年（57）、後漢の光武《こうぶ》帝《てい》に使いを遣わし、「漢委奴《かんのわのなの》国王」の爵号を与えられました。その銘が刻まれた金印は、江戸時代に福岡県志《し》賀島《かのしま》から発見されています。また、3世紀前半に誕生した邪馬台国の女王卑弥呼も、景初3年（239）、魏の明帝に使いを遣わして、「親魏《しんぎ》倭《わ》王《おう》」の爵号と銅鏡などを賜りました。

　ただし、現在では、冊封体制が周辺諸国を画一的にがんじがらめに縛る秩序であったとは考えられていません。冊封を受けた国には毎年の朝貢や中国の元号・暦の使用が義務づけられていましたが、厳格な遵守《じゅんしゅ》が求められたわけではありませんでした。要は、外交上の形式として君臣関係を守りなさいということであって、それ以上に中国が周辺諸国に干渉を加えることはなかったのです。

そのような「ユルさ」を最も享受《きょうじゅ》していたのが、大陸から海を隔てた日本列島の支配者であったと言えるでしょう。ヤマト政権は、冊封体制から比較的自由に外交を展開していくことになります。

100年以上の外交ブランク

それでは問題を見ていきましょう。史料（1）は5世紀後半の倭王武の遣使に関する『宋書《そうじょ》』倭国伝の記述、史料（2）は7世紀初めの遣隋使に関する『隋書《ずいしょ》』倭国伝の記述です。設問Aでは両者の「中国皇帝に対する対し方」の違いが問われています。端的に言うと、「倭王武は冊封体制に組み込まれ、遣隋使では中国皇帝に臣属しない立場を主張した」ということですが、それぞれの時期の国内・国外の状況も含めて深掘りしていきましょう。

まず、倭王武の遣使から。『宋書』倭国伝には、5世紀に讃《さん》・珍《ちん》・済《せい》・興《こう》・武《ぶ》という5人の王（倭の五王）が朝貢してきたことが記されています。讃・珍は兄弟、済・興・武は済が父で興・武が子（興が兄で武が弟）という関係です。讃・珍と済・興・武の関係については明確な記述がありません。あるいは王統の交代のようなことがあったのかもしれません（現代人にとっては皇位が父から子に継がれるというのは当然のように思えますが、嫡子継承が定着するまでには紆余曲折がありました。古代3・中世1で後述します）。

この血縁関係を、『日本書紀』の記述と照らし合わせると、讃・珍は不明ですが、済・興・武に関しては、允恭《いんぎょう》天皇が父で、安康《あんこう》天皇が兄、雄略天皇が弟という関係とピッタリ当てはまります。それゆえ、済は允恭天皇、興は安康天皇、武は雄略天皇に比定《ひてい》されます。

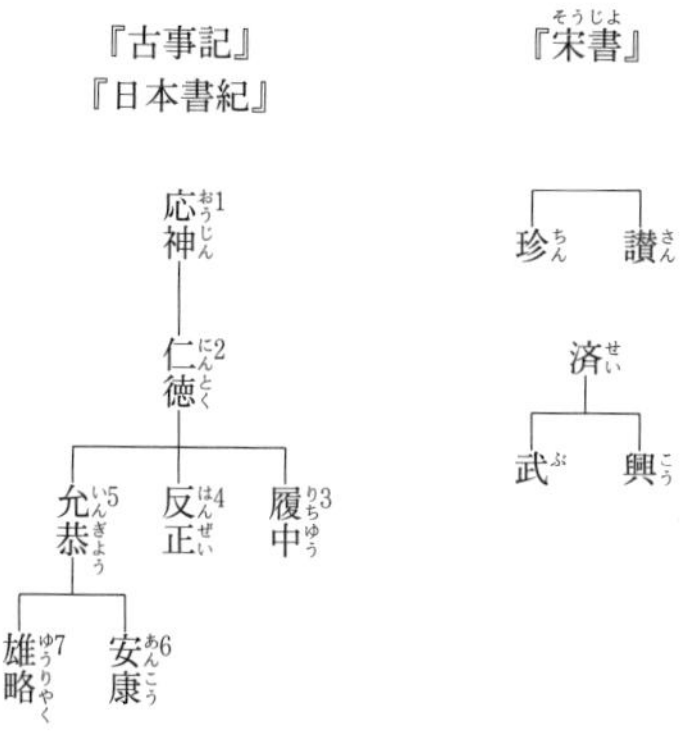

数字は皇位継承の順

図3　倭の五王と記紀に見える天皇
出典：『詳説日本史図録』（山川出版社）

ここで、前問で見たように、雄略天皇が稲荷山古墳出土鉄剣銘や江田船山古墳出土鉄刀銘に記された「ワカタケル大王」と考えられるということを思い起こしてください。5世紀は古墳時代中期に当たります。前方後円墳が巨大化し、地方にも広がりを見せていることから、ヤマト政権の首長である大王は、司祭者的な性格から武人的な性格を強めながら、関東地方から九州地方北部まで勢力範囲を広げていたことが分かるということでした。

その到達点に立つとも言える「ワカタケル大王」＝雄略天皇が、倭王武として中国の宋（当時の中国は南朝と北朝に分かれる南北朝時代でした。宋は南朝に成立します）に遣使をする。これはどのような意味を持つのでしょうか？

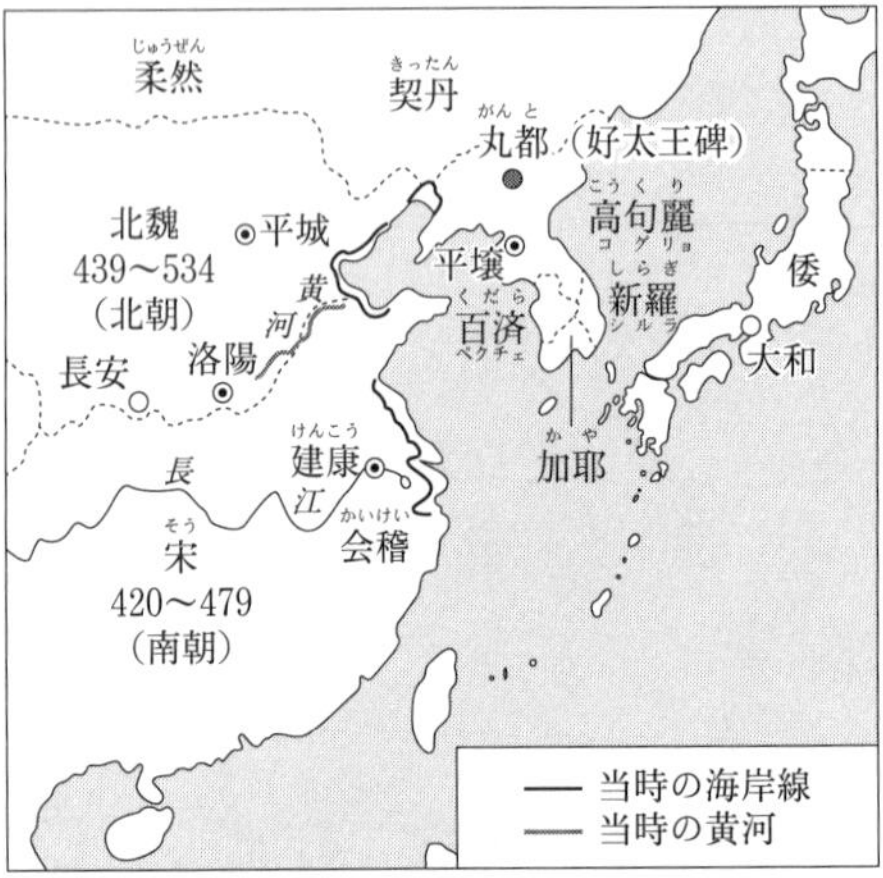

図4　5世紀の東アジア

出典：『詳説日本史図録』（山川出版社）より一部改変

史料（1）をご覧ください。宋の順帝に対する上表文《じょうひょうぶん》では、父祖の時代から自ら軍を率いて日本列島の東西、さらには海を渡って朝鮮半島（海北《かいほく》）を平定してきたと述べられています。なので、それにふさわしい爵号をくださいとお願いしたわけです。そこで、順帝は「安東大将軍倭王《あんとうだいしょうぐんわおう》」に叙したとされています。「倭王」というのはもちろん国内での支配権を認めたものです。「安東大将軍」は朝鮮半島南部における軍事的地位を示します。前問でも触れましたが、ヤマト政権は鉄資源を求めて朝鮮半島に進出していました（高句麗好太王碑）。そこで、倭王武は冊封を受けることで、国内支配権とともに朝鮮諸国に対する優位な立場を得ようとしたのです。

実はこの後、史料（２）に記された7世紀初めの遣隋使まで、ヤマト政権は１００年以上にわたって中国の王朝に遣使を行っていません。そこには、南北両朝において王朝の興亡が激しさを増したという国際的背景や、「安東大将軍」という爵号がライバルの高句麗《こうくり》王に授与された「征東《せいとう》大将軍・車騎《しゃき》大将軍」よりも格下であったという事情がありました。

一方、この１００年以上の外交ブランクは、国内のヤマト政権の状況からも説明できます。そして、それは前問の最後で述べたヤマト政権の転換にも関わります。そのあたりを念頭において、史料（２）の記述を読んでみましょう。

『日本書紀』には記されていない600年の遣使

ところで、遣隋使というと、冠位十二階や十七条憲法とともに、聖徳太子が行った事績として教わった方が多いのではないかと思います。しかし、現行の教科書では記述がだいぶ変更されています。

まず、「聖徳太子」という呼称ですが、これは没後に名付けられたものです（初出は奈良時代の漢詩文集である『懐風藻《かいふうそう》』）。また、「太子」は皇太子の意味ですが、当時、「皇太子」という呼称はもちろん、それに類する皇位継承の制度が確立していたとは考えられません。そこで、現行の教科書には、当時の呼び名に近いものとして「厩戸王《うまやとおう》」と記されています（本書でもこの後は「厩戸王」とします）。

次に、こちらの方がより歴史の捉え方に関わりますが、6世紀末から7世紀初めにかけての一連の政治改革は、厩戸王が主導したものとは考えられていません。そもそも、皇太子となったとされる593年の時点で、厩戸王は弱冠20歳にすぎないのです。そのような若者に国の舵取りを任せたとは考えにくいでしょう。

ですので、現在では、初の女性天皇である推古《すいこ》天皇（大王）と、有力豪族である蘇《そ》我馬《がのうま》子《こ》が政治を主導し、厩戸王は仏教の導入などで2人をサポートする立場にあったと考えられています。教科書の記述も「推古天皇が新たに即位し、国際的な緊張のもとで蘇我馬子や推古天皇の甥の厩戸王（聖徳太子）らが協力して国家組織の形成を進めた。」（山川出版

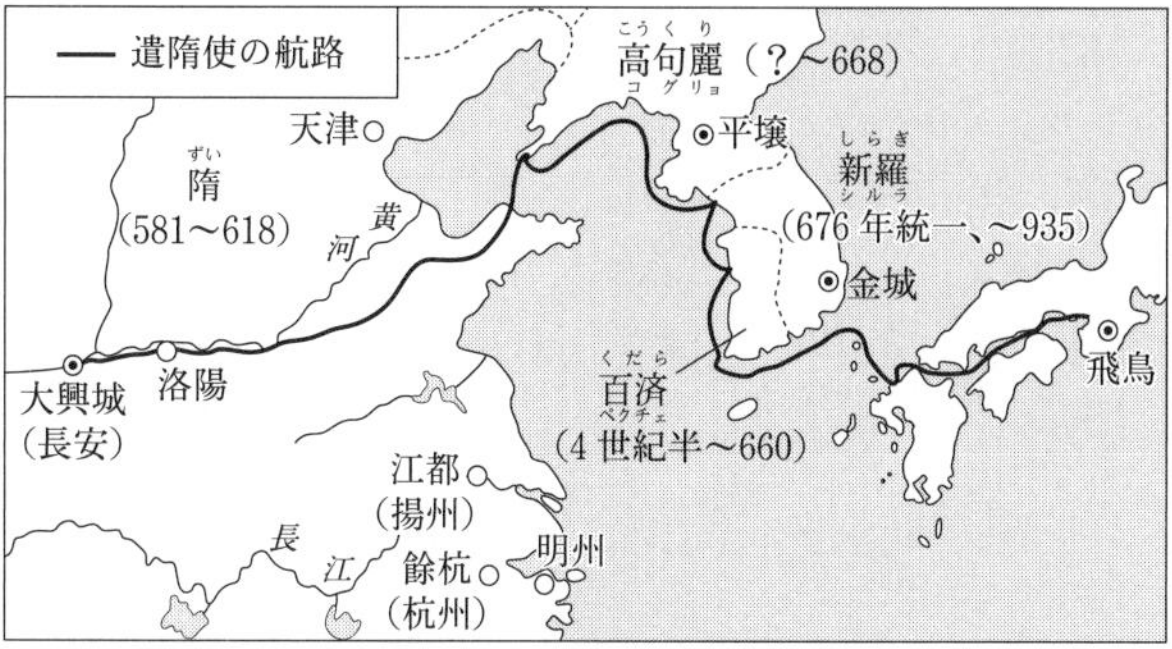

図5　7世紀初めの東アジア

出典：『詳説日本史図録』（山川出版社）より一部改変

社『詳説日本史』）となっており、厩戸王が主体とはされていません。

　さて、いま引用した教科書の記述に「国際的な緊張のもとで」とありました。推古天皇の政治、さらには、倭王武の遣使から１００年以上のブランクをへて行われた遣隋使の背景には、東アジア世界の大きな変動があったと考えられます。

　その引き金となったのは、隋による中国の統一です。中国は3世紀後半以来、南北朝に分裂した時代が続いていましたが、５８１年に北朝に建てられた隋が、５８９年には南朝の陳《ちん》を滅ぼし、中国統一を実現したのです。国内統一を果たした隋が次に目指したのは、国外への版図《はんと》の拡大でした。朝鮮半島北部の高句麗に、たびたび出兵を行います。こうした緊迫する東アジア情勢に対応すべく、隋に使いを遣わしたと考えられるのです。

さて、ここにもう一つ教科書の記述の変更があります。遣隋使といって想い起こすのは、６０７年の小野妹子《おののいもこ》の遣使かと思いますが、実は、『隋書』倭国伝にはそれに先立って６００年にも遣使があったと記録されています。この６００年の遣使は『日本書紀』には見られないため、かつては脚注でその点を指摘するのみでしたが、現行の教科書では「『隋書』にみえる６００年の派遣に続けて６０７年には」（山川出版社『詳説日本史』）と本文に明記されています。

『隋書』の６００年の遣使に関する記述を読むと、文帝が倭国の政治制度などについて使者に質問したところ、「天が兄、太陽が弟で、夜中に政務を行って日の出とともに仕事を終えます」という回答だったので、文帝は理をわきまえていないとしていろいろ教えたという、摩訶不思議なことが書かれています。これが事実どおりではないにしても、政治制度の未熟さを指摘されたということは間違いないでしょう。そこで、とんだ恥をかかされたため『日本書紀』は記載しなかったというのが通説です。また、このときに学んだことをもとに冠位十二階・十七条憲法などを定めたという方が、説明としても整合性がつきます。

話を戻しましょう。2回目となる607年の遣使において、ヤマト政権は、史料（2）に見られるように、冊封を受けない立場を表明したのです。

大王としての自立

それでは史料（2）を読みましょう。まず、使者（小野妹子）が隋の煬帝《ようだい》を「海西の菩薩天子」と呼び、仏教を盛んにしていると聞いているので、僧侶を同行して学ばせることにしましたと述べています。実際、この時の遣使では留学生として高向玄理《たかむこのげんり》、留学僧として南淵請安《みなぶちのしょうあん》・旻《みん》が送られました。仏教を始めとした学問や制度の摂取は、遣使の目的の一つでした。

そして、これに続いて「日出づる処の天子、書を日没する処の天子に致す」という、国書のよく知られた一節が引かれています。「日出づる処の天子」が倭国の大王、「日没する処の天子」が隋の皇帝です。同じ「天子」として対等なお付き合いをしましょうという、隋皇帝に臣属しない立場を表明したのです。

この点が、「中国皇帝に対する対し方」を問う設問Aに対する答えであり、続く設問Bでは、そのように倭王武の遣使から態度を変化させた歴史的な背景が、国内・国際の両面から問われています。

国際的な背景としては、先に見た東アジアの状況に、倭王武に与えられた「安東大将軍」が満足できるものではなかったことを加味して考えれば良いでしょう。6世紀の朝鮮では、高句麗・百済《くだら》・新羅《しらぎ》の三国が国家形成を進めて鼎立《ていりつ》する状況が生まれ、こうした中でヤマト政権は南部の加耶《かや》諸国における勢力を失いました。

ヤマト政権は4世紀後半以来、鉄資源を求めて朝鮮半島に進出していたわけですが、事ここに至って、中国皇帝から爵号（しかも低い）をもらうだけでは対処できません。そこで、朝鮮三国とは異なる、冊封を受けないという独自の立場を選択したと考えられます。

そのとき、隋が高句麗と交戦中であるこのタイミングであれば、タメ口をきくという生意気な態度をとっても受け入れるしかないという判断が働いたかもしれません。実際、煬帝はその場では「無礼者に耳を貸すことはない（蛮夷《ばんい》の書、無礼なる有らば、復《ま》た以って聞《ぶん》する勿《なか》れ）」と怒りをあらわにしましたが、翌608年には答礼使として裴世清《はいせいせい》を倭国に派遣し、国交を開いています。

次に、国内的な背景としては、前問で見たヤマト政権の国家体制の転換を下敷きに考えるべきでしょう。6世紀末のヤマト政権は、有力豪族による連合政権から大王中心体制への脱皮を目指していました。前方後円墳の造営停止と大王の墓としての八角墳の出現は、それを物語るものでした。また、冠位十二階や十七条憲法は大王の下で豪族の官僚化を図ることを目的とした施策ですから、この方向性に合致しています。

こうした、大王が豪族を従える体制への転換というのは、隋の統一に伴う国際的緊張に対処するためにも、求められるものでした。そして、そのような転換を図ろうというときに、中国皇帝から授与された「倭王」という爵号では、やはり満足できるものではありません。それよりも、大王は隋皇帝に臣属しないという自立した立場を示す方が、豪族に対しても効果的でしょう。こうして、冊封体制に組み込まれないという道を選んだのです。

【解答例】

A　5世紀の倭の五王は中国皇帝から冊封を受け爵号を与えられたが、7世紀初めの遣隋使では臣属しない自立した立場を主張した。（58字）

B　6世紀末のヤマト政権では畿内の有力豪族の力が強く、こうした中で大王中心体制を確立するためにも、中国皇帝から冊封を受けない大王の自立性を示す必要があっ

た。また、国際的にも隋が中国を統一し朝鮮でも高句麗・百済・新羅が鼎立するという緊張の下、朝鮮三国とは異なり冊封を受けない独自の外交の立場を示そうとした。
（150字）

「辺境の国」のしたたかな外交能力と学びの良さ

冊封体制に組み込まれた倭王武の遣使から中国皇帝に臣属しない遣隋使への転換は、実際は柔軟であった冊封体制にもよりますが、この国のしたたかな外交能力を示していると言えるでしょう。中国に遣使しなかったブランクの期間にも、朝鮮の諸国にチャンネルを開き、とりわけ百済とは密接な関係を築いて、仏教・儒教などの入手ルートを確保しています。外交能力は「辺境の国」として生きるために必要なものでした。

冊封を受けない遣隋使の形式は、遣唐使にも引き継がれています。ここで注目されるのが、702年に遣わされた大宝の遣唐使です。大宝律令を完成させた翌年に派遣されたこの遣唐使では、執節使《しっせつし》である粟田真人《あわたのまひと》が唐の役人に対して「日本国の使者である」と名乗っています。同じ律令国家どうし対等な立場でお付き合いしましょうという姿勢を表明したものです。また、朝鮮を統一した新羅と中国東北部に成立した渤海《ぼっかい》からは朝貢を受け、文化交流も盛んでした。

このようなしたたかな外交能力とともに、学びの良さというのも「辺境の国」として生きる術《すべ》でした。国家建設に必要なものは律令でも仏教でも何でも学ぶ。先に触れた６００年の遣使も、未熟で恥をかかされたのではなく、教えてもらうためにわざと無知のフリをしたのではないかと、歴史学者ではない筆者は想像をたくましくしています。

さて、中国から学ぶといっても、それは単なる中国の模倣ではありません。隋・唐にならって導入した律令を、１００年近くの年月をかけて日本の社会の実情にあったものに作りかえ、9世紀初めの平安初期には日本型律令制を完成させました。そして、それを母体として摂関政治という独特の政治形態が生み出されるのです。次の問題では、律令制と摂関政治の関係について考えてみたいと思います。

古代３

摂関政治は律令体制の完成形？

天皇との外戚関係が摂関政治のすべてではない

「此の世をば我が世とぞ思ふ望月《もちづき》の　かけたることも無《な》しと思へば」

教科書には必ず掲載されている、摂関政治の栄華をきわめた藤原道長の歌です。

――この世は私の思うままの世であるように思う。満月がどこにも欠けたところがないように、私もすべてが満たされていると思うから。

道長は１０１８年10月16日のこの日、三女の威子《いし》を後一条天皇の中宮（皇后）に立てました。すでに長女の彰子《しょうし》（紫式部が仕えたことで知られます）を一条天皇の、次女の妍子《けんし》を三条天皇の中宮にしていましたから、３人の娘を天皇の后としたということになります。その嬉しさを詠んだのがこの歌です。この歌を日記『小右記《しょうゆうき》』に書き留めた藤原実資《さねすけ》は、とても優美な歌で返歌などできませんから、皆で唱和しましょうと述べたと記しています。

（なお、16日は満月ではなく十六夜《いざよい》の月の日であり、「我が世」を「私が支配する世の中」という意味で用いているのは天皇や皇太子以外に例がないことから、「今夜は本当に良い夜だなあ（「世」は「夜」の掛詞）」のように取る新解釈も提示されています。）

摂関政治では、藤原氏が娘を中宮とし、天皇と外戚関係を築くことで、天皇が幼少時に政務を代行する摂政や、天皇が成人後に後見・補佐する関白につき、実権を握りました。平安時代の貴族社会では、夫を妻の実家に招き入れる招婿婚《しょうせいこん》が一般的であり、生まれた子は妻の父が養育する慣習がありました。それゆえ、外戚（母方の親戚）とりわけ外祖父が発言力を持ったのです。それは、将来の天皇候補である皇子に対しても例外ではありません。

ですので、摂関政治というと、まずこの天皇との関係を思い浮かべる方が多いのではないかと思います。

しかし、それは藤原氏が権力のよりどころとしたものであって、摂関政治とはどのような政治であったかを説明するものではありません。前問の最後で述べたように、摂関政治は平安初期に完成した日本型律令制を基盤に成立しました。ですから、摂関政治を理解するのには、日本型律令制の成り立ちを理解する必要があります。次の大阪大の問題は、まさにその日本型律令制と摂関政治の関係を問います。

【問題】
10世紀後半から11世紀半ばにかけて、摂関政治がおこなわれた。摂関政治の特徴について、太政官機構にも触れつつ、具体的に述べなさい（200字程度）。
（大阪大　2023年度）

日本社会の実情に合った律令制

7世紀後半のヤマト政権は、中国の唐にならった律令制の導入を目指します。律は刑法、令は民法・行政法にあたるものです。

導入の背景には、古代2でたびたび触れた東アジア情勢の緊張がありました。とりわけ、百済の復興を目的に朝鮮半島に乗り込んだものの、唐・新羅の連合軍に大敗した663年の白村江《はくそんこう》の戦いの後に、今にも攻めてくるという対外的な危機感が高まると、天智天皇、ついで、壬申の乱（後述）に勝利して強い権力を握った天武天皇の下で中央集権国家の建設が目指され、その一環として律令の制定が進められました。そして、７０１年成立の大宝律令、７１８年成立の養老律令によって、一応の完成をみます。

しかし、それはあくまでも「一応」であって、そこから律令に基づく行政の運営を定着させるための試行錯誤が始まったと言えます。というのも、中国の社会に即して作られた律令をそのまま導入しても、それとは異なる日本の社会には根づかないからです。

例えば、民衆を戸籍に登録して口分田《くぶんでん》を班給する班田収授《はんでんしゅうじゅ》の法（班田制）は、唐の均田《きんでん》制《せい》をモデルとしましたが、それは中国の広大な土地を前提としたものですから、山がちで平地の少ない日本ではあっと言う間に口分田不足に陥りました。そこで、三世《さんぜ》一身《いっしん》の法（７２３）や墾田永年私財法《こんでんえいねんしざいほう》（７４３）で土地の開墾を促し、それを政府が掌握できるようにする政策が取られたのです。

このように、日本社会の実情に合った形で律令をメンテナンスしていく必要があったわけで、そうした営為の積み重ねにより、９世紀初めの平安初期に日本型律令制は完成します。

日本型律令制ということで注目されるのは、令外官《りょうげのかん》の設置と格式《きゃくしき》の編纂です。まず、令外官とは文字どおり律令の規定外の官職です。７９４年に平安京に遷都した桓武天皇は、国司の交替時に解由状《げゆじょう》（引き継ぎ状）を検査する勘解由使《かげゆし》を置きました。これは、国司の不正が横行する現状に対処したものです。また、桓武天皇の子の嵯峨天皇は、平安京内の治安維持にあたる検非違使《けびいし》と、天皇の機密事項を扱う蔵人所《くろうどどころ》を設置しました。前者は、従来の律令制下では五衛府《ごえふ》・左右京職《さうきょうしき》・弾正台《だんじょうだい》などバラバラに扱われていた業務を一本化するもの、後者は、平城太上天皇《へいぜいだいじょうてんのう》の変（８１０）に際して嵯峨天皇が自らの意向を迅速に伝える必要から設けられたもので、いずれも実情に即して置かれたと言えるでしょう。

（なお、平城太上天皇の変は、藤原仲成《なかなり》・薬子《くすこ》兄妹を首謀者とみて「薬子の変」と呼ばれていましたが、近年では兄の平城太上天皇と弟の嵯峨天皇の「二所《にしょ》朝廷」と呼ばれる政治的対立の観点から捉え直され、教科書の表記も改められています。）

次に、格式とは、格が律令を補足・改正した法令、式が律令の施行細則を定めたものです。現代でも法律では大枠だけ定め、具体的な政策は政令によって実行していくように、律令も運用の方法を決める必要があります。嵯峨天皇の下で『弘仁《こうにん》格』『弘仁式』がまとめられたのを皮切りに、清和《せいわ》天皇の時に『貞観《じょうがん》格式』、醍醐天皇の時に『延喜《えんぎ》格式』が編纂され、これらを総称して「三代格式」と言います。また、養老令の公式の注釈書として

『令義解《りょうのぎげ》』も編纂されました。

このような、律令を日本社会の実情に合う形で根づかせる努力によって、日本型律令制は完成するのです。

蔵人頭は藤原氏の出世コース

さて、日本型律令制が完成した平安初期は、後に摂関政治を行う藤原氏（藤原北家）が台頭するきっかけをつかんだスタート地点でもありました。

嵯峨天皇が設置した蔵人所は、もともとは天皇の秘書役として文書の管理などにあたっていましたが、天皇に近侍することから、やがて詔勅の伝達や宮中の行事、さらには天皇の日常生活に関わる内廷の事項にまで職務を拡大していきました。そして、その長官である蔵人頭《くろうどのとう》は、側近中の側近として天皇との特別な結びつきを得て、天皇の意向を汲む存在として行政にも関与するようになるのです。以後、蔵人頭は出世コースの出発点となります。

嵯峨天皇が蔵人頭に任命したのが、武官として仕えてきた巨勢野足《こせののたり》ともう一人、藤原北家の藤原冬嗣《ふゆつぐ》でした。藤原氏は、中臣鎌足《かまたり》が死に際して天智天皇から藤原姓を賜ったこと

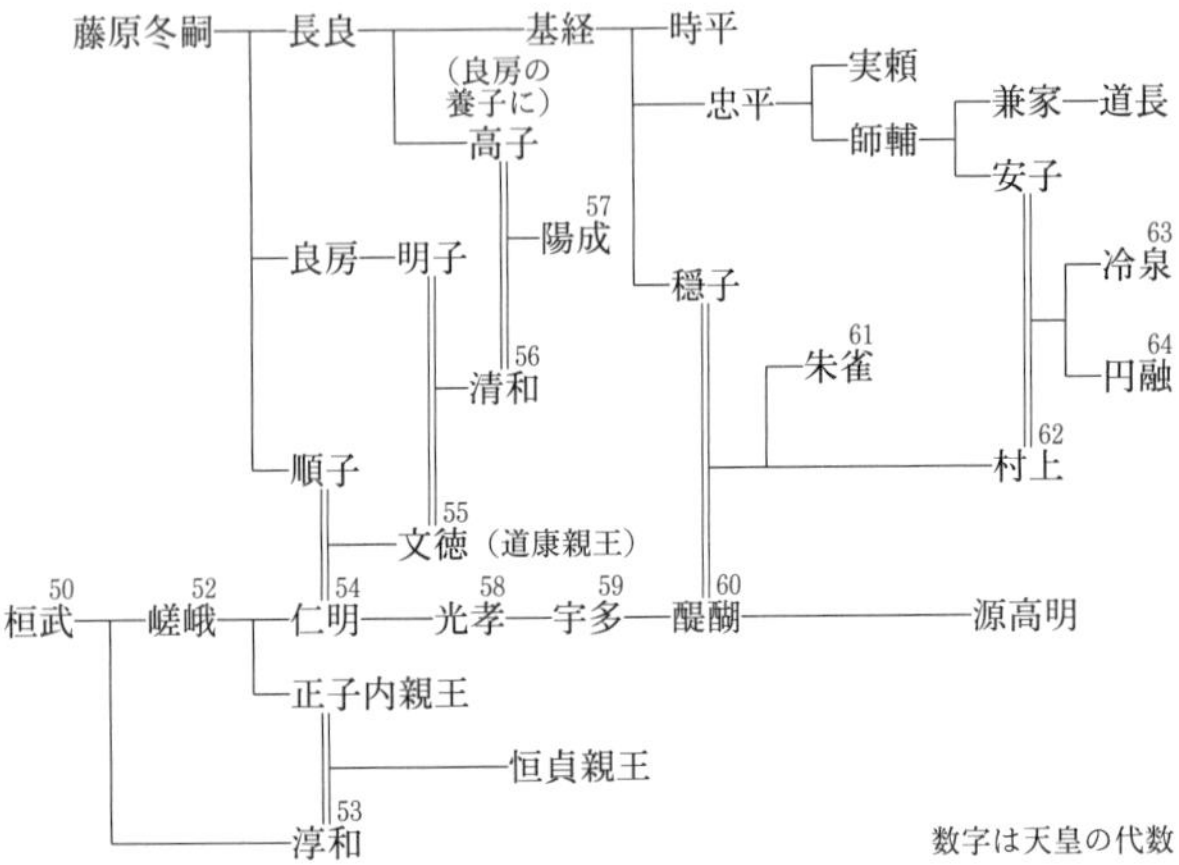

図6　藤原氏と天皇家の関係系図

に始まり、鎌足の子である不比等《ふひと》に受け継がれますが、不比等の子の代で、南家（武智麻《むちま》呂《ろ》）・北家（房前《ふささき》）・式家（宇合《うまかい》）・京家（麻呂）の四家に分かれました。冬嗣は北家に現われます（ちなみに、平城太上天皇の変で太上天皇側についた仲成・薬子は式家です）。

　こうして、藤原北家は発展の途につきます。冬嗣の子である良房《よしふさ》は、承和《じょうわ》の変（842）・応天門の変（866）で他氏を排斥しつつ、その間に858年には外孫にあたる幼少の清和天皇を即位させ、自らは皇族ではない人臣として初の摂政となりました。さらに、良房の養子の基経《もとつね》は、884年に即位させた光孝《こうこう》天皇の関白となります。こうして摂関政治は始まったのです。

その後、「延喜・天暦《てんりゃく》の治」と呼ばれる醍醐天皇・村上天皇の時代には親政が行われ、摂政・関白は置かれませんでしたが、基経の子の時平《ときひら》らは重職についていました。そして、９６９年に安和《あんな》の変で醍醐天皇の皇子である源高明《たかあきら》が排斥されると、藤原北家に対抗しうる有力貴族は存在しなくなり、常に摂政・関白が置かれるようになるのです（摂関常置体制）。

　本問の冒頭でも述べたとおり、摂関の権力のよりどころは天皇の外戚関係です。いま説明に出てきた摂関政治の始まりに位置する良房・基経も、娘を中宮として天皇との結びつきを強めてきました。そうした、天皇との私的な関係を築いていく上で大きな役割を果たしたのが、蔵人頭という側近のポストだったのです。

「御堂関白」藤原道長は関白にならなかった⁉

　このように、平安初期は、藤原北家が台頭のきっかけをつかんだという点で、摂関政治のスタート地点であったわけですが、摂関政治の基盤である日本型律令制が完成したという点でも、出発点であったと言えます。

　問題文に「太政官機構にも触れつつ」とありますね。律令制下の中央の組織は、神がみの祭祀をつかさどる神祇《じんぎ》官《かん》と、行政全般をつかさどる太政官《だいじょうかん》の二官からなりました。政治の中心は太政官です。太政官の下には、詔書の作成を担う中務省《なかつかさしょう》をはじめとして八省が置かれました。そして、太政大臣・左大臣・右大臣などが有力貴族から任命され、これに、大納言・中納言・参議・三位以上の者を合わせた公卿《くぎょう》の合議によって政務は行われました。

もちろん、大宝律令・養老律令が制定された8世紀初めから完璧な太政官の組織ができあがっていたわけではありません。例えば、いま出てきた参議は、公卿会議の参加メンバーを増やし、合議の充実を図るために、後に設置された令外官です。また、中納言も大納言の政務を補佐するために置かれた令外官でした。このように、実情に合う形で修正を加えながら、完成へと向かっていったのです。

そして、摂関政治においても、この太政官の組織に基づいて政務が行われたことには変わりありません。摂政・関白というのは、言わば天皇に寄生する存在です。天皇の下に太政官の組織はあるわけですから、摂関は天皇を通じて太政官の組織に働きかけることで実権を握ったと言えます。

具体的にはこういうことです。摂関政治においても、公卿による陣定《じんのさだめ》で重要政務は審議されました。そして、天皇による決裁をへて、太政官符・宣旨《せんじ》などが発せられ、太政官の組織を通じて中央・地方の役人に伝えられました。そのプロセスにおいて、摂関は天皇が裁可する文書に事前に目を通す内覧《ないらん》という地位にありました。つまり、摂関は政務の決定に天皇とともに最終的に関与したのです。

また、清少納言の『枕草子』にも描かれているように、平安時代の貴族たちの一大関心事と言えば除目《じもく》（人事の決定）です。そして、除目においても摂関は天皇とともに最終決定に目を通しました。つまり、摂関は役人の人事権を握っていたわけで、それゆえ、中下級貴族は摂関家に取り入って国司などの職を得ようとしました。

このように、政務の運営の面からも、役人の人事の面からも、摂関は太政官の組織に依拠する形で権力を握っていたことがお分かりいただけたかと思います。そして、それは平安初期に日本型律令制が完成していたからこそ可能だったのです。

ところで、摂関は天皇が裁可する文書や人事の決定に最後に目を通すだけでしたから、陣定や除目に積極的に関わりたい（関わって実権をふるいたい）と考える者がでてきても不思議ではないでしょう。それが、実は藤原道長です。

藤原道長は、出家後に法成寺《ほうじょうじ》（御堂《みどう》）を建立したことから「御堂関白」と呼ばれます。しかし、実際に関白の地位に就いたことはなく（就任を打診されて断ったという経緯もあります）、摂政には1016年に就いていますが、翌1017年にはその座を息子の頼通《よりみち》に譲っています。

関白は天皇を後見する立場にありますが、具体的な権限をともなっているわけではありません。陣定や除目にも参加しないのが慣習でした。一方、陣定でも除目でも最高責任者は、「一上《いちのかみ》」という決定事項を執筆する任にある左大臣でした（なお、太政官の組織における最高官は太政大臣でしたが、名誉職に近く、また置かれない場合も多く、事実上の最高官は左大臣でした）。

道長は、この左大臣の地位を、二十年近く手放していません。摂関という名よりも左大臣という実を取ったと言えるでしょう。しかし、左大臣の地位にあることで、政務と人事の決定権を握り続けました。その権力ゆえ、関白にならずとも「御堂関白」と呼ばれたのです。

【解答例】
摂関政治とは、藤原氏が天皇の外戚の立場から政務を補佐・後見した政治体制である。

政治の運営は太政官を通して官吏を指揮する形をとり、政務も太政官で公卿によって審議されたが、太政官符などの文書は摂関の決裁を必要とし、また、摂関は官吏の任免権を握ったため、中下級貴族は摂関家に取り入って国司などの職を得ようとした。このように、摂関政治は太政官機構に依拠した政治形態であり、摂関はそれを権力の源泉としていたと言える。（203字）

摂関政治と皇位継承

ところで、摂関政治を「皇位継承の安定」という面から捉えることもできます。

私たち現代人の感覚からすると、天皇の位は親（父）から子に受け継がれる（嫡子継承）のが自然のように思えますが、初めからそれが確立していたわけではありません。6～7世紀には、同じ世代に属する王族が順に大王《おおきみ》に就く世代内継承が一般的でした。

これは、大王（天皇）親政の原則と関係します。大王自らが政務を行うのですから、ひとかどの経験を積み、実績と能力を周囲から認められた者が就く必要があったのです。前問で登場した初の女性天皇である推古天皇（大王）は、群臣たちの話し合いで選ばれました（その意味で、6世紀末の時点では性別よりも能力が重視されていたと言えます）。また、若き厩戸王が大王に選ばれることもなかったでしょう。

しかし、世代内継承は重大な問題を抱えています。それは、同世代の継承には限りがあり、いつかは世代交代しなければならないということです。そして、そのタイミングには権力抗争がつきもので、しばしば戦乱に発展しました。

その最たるものが６７２年に起こった壬申の乱でした。前年の天智天皇（大王）の没後に生じた、天智の子・大友皇子《おおとものみこ》と天智の弟・大海人皇子《おおあまのみこ》との皇位継承争いです。畿内の有力豪族の多くが大友皇子を支持したのに対し、大海人皇子はいったん吉野に逃れたあと、美濃・尾張（当時のヤマト政権からすると「東国」でした）の豪族の勢力を集め、近江大津宮を攻めて大友皇子軍を破りました。大海人皇子は天武天皇として即位します。

壬申の乱は、天武（大海人）が自らの武力で皇位を奪ったことに大きな意味があります。そのため、天武は強大な権力を手中にし、その権力をもって中央集権国家の建設を進めていくのです。また、「天皇」号や「日本」の国号も天武の時から用いられるようになったと考えられています。それは、「日本」という国を支配する「天皇」という、天武のカリスマ的な力を示すものでした。

さて、壬申の乱は嫡子継承に世代内の立場からストップをかけたと言えますが、皇位に就けばその地位を子に継がせたいと思うのは人情というものでしょう。７１０年に遷都した平城京では天武系により皇位継承が行われました。しかし、皇位をめぐる権力闘争は絶えず、その中でなきものとされた皇子も少なくありません。結局、称徳天皇で天武系は途絶え、天智の孫である光仁《こうにん》天皇が即位、そして、光仁の子の桓武天皇が７９４年に平安京に遷都します。天武系の平城京から天智系の平安京への、一つの皇統の転換です。

　このように、嫡子継承は簡単には軌道に乗らなかったのですが、そこで重きが置かれたのが、天皇の外戚の立場にある藤原北家の存在でした。先に名称だけ挙げた承和の変（８４２）においては、藤原良房のライバルであった橘逸勢《たちばなのはやなり》らが排斥されるとともに、淳和《じゅんな》天皇（変の前々年に死去）の子である恒貞《つねさだ》親王が皇太子から廃され、代わって、仁明《にんみょう》天皇の子である道康《みちやす》親王（後の文徳《もんとく》天皇）が立太子されました。道康の母は良房の妹であり、良房の娘である明子《めいし》が入内します。そして、文徳と明子の間に生まれた清和天皇を幼少のまま即位させ、良房は人臣初の摂政となったのです。

　嫡子継承のネックとなっていたのが天皇親政ですが、摂関が政務を代行・後見することで問題は解消されました。一方、藤原北家としても天皇の外戚の立場から実権を握ることができました。その意味で、皇位継承を安定させたい天皇家と、政治権力を掌中にしたい藤原北家の利害が一致したところに生じたのが、摂関政治であったと捉えることもできるでしょう。

摂関政治から院政へ

しかし、摂関政治によって皇位継承が十分に安定したわけではありません。摂関家からどんなに中宮が送られても、お世継ぎが生まれなければ、そこで途絶えてしまうからです。実際、道長の子である頼通は、天皇の外祖父となることができませんでした。

１０６７年、頼通が関白の座を辞して隠退すると、翌１０６８年には摂関家を外戚としない後三条天皇が即位、大江匡房《おおえのまさふさ》・源 師房《みなもとのもろふさ》らを起用して政治の刷新を図りました。後三条は１０７３年に急逝しますが、子の白河が即位して遺志を継ぎ、１０８６年には子の堀河に譲位して、自らは天皇家の家長の立場から実権を握ります。院政の開始です。

父親である上皇が自ら子である天皇を後見した方が、母親が摂関家に限定されないぶん、お世継ぎは確保しやすくなります。その後も中世１の問題で見るように皇位継承をめぐる問題はたびたび生じますが、院政が江戸時代の終わりまで続き、少なくとも嫡子の不在を理由に問題が発生しなかったことは、院政が皇位継承という点で優れたシステムであったことを示しているでしょう。

以上のとおり、摂関政治から院政への移行は皇位継承という面から捉えることができますが、それとともに、政治システムの転換が求められていたという側面も、見逃すことはできません。

本問で見たように、摂関政治は律令に基づく太政官の組織に依拠した政治システムでした。そこで求められるのは「先例どおりに行うこと」です。きまりを踏み外すことは許されません。それゆえ、貴族たちは日記に年中行事などを書き留め、備忘録としました。冒頭で紹介した藤原実資の『小右記』もその一つです。

一方、院政では上皇が法や慣例にとらわれない立場から専制的に実権をふるいました。上皇が政務の場所として設けた院庁《いんのちょう》や、天皇の詔勅を超える効力を持つとされた院宣《いんぜん》は、律令の規定にありません。摂関政治が日本型律令制の到達点であったのに対し、院政はそれを食い破るように誕生した新しい政治システムだったのです。

では、なぜそのような新しい政治システムが現れたのでしょうか？　ここでは、「社会が大きく変動し、従来の律令では対応しきれなくなったから」とだけ答えておきましょう。その社会を変動させた原動力は、武士を生み出し、中世の時代の幕を開けます。次の古代

4の問題では、そうした社会の動きについて見ていきたいと思います。

古代4

中世は「院政」から始まる

上から抑えつける力／下からわき上がる力

筆者は予備校や学校の授業で、うねりのような歴史の大きな動きを説明する際に、「上から抑えつける力」「下からわき上がる力」というベクトルの比喩をよく用いて説明します。

「上から抑えつける力」とは、支配者が権力をもって民衆をコントロールしようとする力のことです。術語を用いれば「中央集権体制（国家）」ということになります。民衆を、戸籍を作成して掌握し、税を徴収し、法によって縛る。枠からはみ出た存在や行動を認めず、秩序を安定させる力として働きます。

しかし、そうした「上から抑えつける力」は、永続的に一定の力で働き続けるということはありません。強まったり弱まったりします。そこには内的な要因や外的な要因があるでしょう。あるいは、安定を求めながら、そこに安住もできないという人間の性質によるのかもしれません。いずれにしろ、中央集権体制を長期間にわたって維持するというのは不可能に近いです。

そこで、「上から抑えつける力」が弱まると、「下からわき上がる力」が強まります。新しいものを生み出そうとする民衆の活力のことです。既存の秩序を食い破り、さまざまなものが生まれては消えていく。社会の変動を促す力として働きます。

この2つのベクトルの比喩を用いて歴史を概観すると、平城京の時代の古代の前半までは、「上から抑えつける力」が優勢だったと言えるでしょう。背景にあったのは、緊迫する東アジア情勢、とりわけ白村江の敗北です（古代3参照）。対外的危機に備えて、律令に基づく中央集権国家の建設を目指したわけです。

しかし、平安京に遷都した古代の後半以降は、「上から抑えつける力」が弱まり、「下からわき上がる力」がおこりました。そのようなベクトルの転換はなぜ生じたのでしょうか？　そして、それは歴史をどのように動かしたのでしょうか？　古代後期の地方社会の変容に関する次の東大の問題をもとに考えてみたいと思います。

【問題】

次の史料は、914年、醍醐天皇が臣下の意見を求めたときに、三善清行が当時の政治の欠点を指摘し、12か条にわたってその改善策を述べたうちの1条である。これを読んで、下記の設問に答えよ。

一、諸国に勅して見口《げんこう》の数①に随いて口分田を授けんと請うこと

右、臣伏して諸国の計帳を見るに、載するところの百姓、大半以上は、これ無身の者②なり。ここに国司ひとえに計帳に随いて口分田を宛て給い、即ち正税を班《わか》ち給いて③、調庸を徴納す。ここにその身ある者は、わずかに件《くだん》の田を耕作し、すこぶる租調を進《たてまつ》る。その身なき者は、戸口一人、私に件の田を沽《う》り④、かつて自ら耕さず。租税調庸に至りては、ついに輸納の心なし。（中略）牧宰《ぼくさい》⑤空しく無用の田籍⑥を懐《いだ》き、豪富いよいよ并《あわ》せ兼ねたる地利を収む。ただ公損の深きのみにあらず、また吏治の妨げとなる。

注　①　実在する人数　②　実在しない者　③　出挙を行うこと

④　1年を限ってその耕作を他人に委ねること
⑤　国司のこと　⑥　口分田を班給した結果を記した帳簿

設問

三善清行は、「国家財政が悪影響を受け、国司の地方政治が妨げられている」と指摘している。国司の職務の妨げとなるどのような事態が起きているのか、さらにどのような「百姓」の動きがこの事態をひきおこしたのかについて、150字以内で説明せよ。

（東大　1996年度）

班田制の後退

本問では、国司の職務が妨げられる事態とその原因となった「百姓」の動きについて、史料文を読み取ったうえでまとめることが求められていますが、その背景にあるのは、8世紀の奈良時代にすでに生じ、9世紀の平安時代になると深刻化した班田制の後退です。

班田制（班田収授の法）とは、6歳以上の男女に口分田を班給する制度です。6年おきに戸籍を作成し、登録された民衆（公民・班田農民）に対して、良民《りょうみん》男子は2段、女子はその3分の2、賤民《せんみん》（律令制には良民・賤民という身分の区別がありました）は3分の1が一律に班給されました。班田制の目的は、豪族による土地の私有化の防止と、なんと言っても徴税の対象の確保です。班田農民には租・庸・調を中心にさまざまな税が課されました。

しかし、班田制は導入したての8世紀の段階で、早くもほころびを見せ始めていました。前問で述べたとおり、班田制は唐の均田制にならったものでしたが、日本の国土は山がちで狭く、中国のような広大な土地は存在しなかったからです。また、墾田を掌握する制度もなかったため、口分田が不足するのも時間の問題でした。そこで、三世一身の法や墾田永年私財法が出されたのです。

（なお、これら一連の土地政策は、かつては土地の私有化の進行という方向で説明されていましたが、現在では、班田制の不備を補い、墾田の掌握を可能としたものと評価されています。それゆえ、教科書にも「この法（墾田永年私財法）は、政府の掌握する田地を墾田にまで拡大することにより土地支配の強化をはかる積極的な政策であった」（山川出版社『詳説日本史』）と記述されています。）

ただし、班田制の問題点はそれだけではありません。第一に、戸籍作成や班田が困難であるということ。自動車もインターネットもない時代に、6年に1度、全国の民衆を調べ上げ、土地を区画し、口分田を班給するというのは至難の業であったということは、想像に難くないでしょう。加えて、税負担の過重による班田農民の浮浪・逃亡です。浮浪人に対して、もともとは本籍地に連れ戻す方針でしたが、後に浮浪先で掌握する方針に変更されています。それだけ浮浪人が跡を絶たなかったということです。

そこで、平安初期の桓武天皇の時期には、班田を6年1班から12年（1紀）1班に改めたり、国司の下で労役にあたる雑徭《ぞうよう》を年間60日から30日に半減したりするなどの政策が実施されています。班田農民の負担を軽減し、班田の励行を図るという、実情に即した形での改革が行われたのです。

しかし、9世紀の平安前期には、30年・50年と班田が行われなくなる地域も現われました。律令国家の「上から抑えつける力」では、班田制を維持できなくなっていたのです。

「富豪の輩」の成長

班田制が行われていれば、均等に口分田が班給されるわけですから、民衆に経済的な格差は生じません。土地の公有化という点で、社会主義的な制度であったとも言えるでしょう。しかし、それが行われなくなるということは、自由競争の世界になることを意味します。貧しい農民は、重い税負担に耐えられず、浮浪・逃亡する。一方、豊かな農民は、荒れた土地を開墾して勢力を広げる。班田制が機能しなくなった平安時代は、格差が拡大した時代でもあったわけです。

この時期に成長した有力農民を、「富豪の輩《ともがら》」と言います。「上から抑えつける力」がなくなったとき「下からわき上がる力」によって生じた存在が、富豪の輩だったのです。富豪の輩は、私《し》営田や私出挙《すいこ》（貸付け）を通じて周辺の農民や浮浪人を支配下におき、さらに、都の院宮王臣家《いんぐうおうしんけ》（特権的な皇族・貴族）に土地を寄進して、徴税を逃れようとしました。そこに、浮浪・逃亡や偽籍《ぎせき》（後述）が重なったことから、税収は悪化して、国家財政が悪化しました。

こうした状況において、10世紀初めに改革に乗り出したのが、その親政を「延喜《えんぎ》の治」とも称される醍醐《だいご》天皇です。醍醐天皇は９０２年、班田を命じるとともに、延喜の荘園整理令を発して、違法な土地所有や富豪の輩と院宮王臣家との結託を禁止しました。税収の回復のため班田制の再建を図ったのです。

しかし、「上から抑えつける力」が弱まるなかで、それは不可能なことでしょう。結局、この902年を最後に班田を命じる記録が残されていないことが、醍醐天皇の改革が失敗に終ったことを如実に物語っています。富豪の輩の活動を縛ることは、もはや困難でした。

そうした中で書かれたのが、問題の史料文です。

実態からかけ離れた戸籍

問題の史料文は、文章《もんじょう》博士（歴史学の教官）や式部大輔《たいふ》（式部省の次官）などを歴任し、『延喜格式』の編纂にも携わった三善清行《みよしきよゆき》が、914年に醍醐天皇の求めに応じて提出した意見書で、12か条あることから「意見封事《ふうじ》十二箇条」と呼ばれます。914年と言えば、醍醐天皇が902年に班田を命じた12年後です。桓武天皇によって12年（1紀1班）に改められていましたから、次の班田を行う年にあたっていました。そこで、改革の進捗具合や現状について意見を求めたのでしょう。

清行は、備中介《すけ》（現在の岡山県西部の国司の次官）として赴任した経験から、地方社会の実情についてもよく知っていました。例えば、「意見封事十二箇条」の別の箇所では、備中国の邇磨《にま》郷について述べています。この地名は、7世紀半ばに斉明《さいめい》天皇が百済復興のため朝鮮に兵を送ろうとした際（白村江の戦いです）、この地で2万の兵を得たという話に由来するものです。しかし、9世紀末に清行が備中介として赴任したときには、老丁《ろうてい》（61～65歳の男子）が2名、正丁《せいてい》（21～60歳の男子）が4名、中男《ちゅうなん》（17～20歳の男子）が3名しかいませんでした。それほどまでに地方は衰退していたのです。

　こうした状況も踏まえて、問題の史料文で清行が述べていることを読み取っていきましょう。清行は冒頭で、「見口の数（実在する人数）」に従って口分田を班給すべきだと意見をしています。こんな当たり前のことを言うのは、戸籍が実態を伴っていなかったからだと推理できるでしょう。たしかに、清行は続いて、「臣伏して諸国の計帳を見るに、載するところの百姓、大半以上は、これ無身の者なり」と述べています。計帳（庸調の賦課台帳）に記載されている者の大半は「無身の者（実在しない者）」だと言うのです。

　どうしてこのようなことが生じたのでしょうか？　1つめの理由は浮浪・逃亡です。逃げてしまっては現地にいません。そして、2つめの理由は偽籍の横行です。律令税制では、土地の面積に応じて課される租を除いて、庸・調に加え、労役や兵役は、正丁を中心とする男子に課されました。そこで、徴税を逃れるために男性を女性と偽って戸籍に記載したのです。

醍醐天皇が班田を命じた９０２年に作成された阿波《あわ》国（現在の徳島県）の戸籍では、記載された４３５人のうち、男性は59人のみで、女性は３７６人でした。また、百歳を超える女性も多数見られます。女性と偽り、また、亡くなった者も登録して、口分田をもらうだけもらって税は納めない、ということです。戸籍は実態から完全にかけ離れていました。

そのような戸籍で、国司がまともに徴税できるわけがありません。史料文を続けて読んでみましょう。わずかながらの実在する者（その身ある者）は、口分田を耕作して租税を納めます。しかし、実在しない者（その身なき者）の土地は、戸口の一人が勝手にその耕作を他人に委ねている（私に件の田を沽《う》り）と言います。これが先ほど述べた富豪の輩による私営田経営です。そして、実在しないのを良いことに租庸調も納めません。

こうして、国司（牧宰）は役立たずの帳簿を懐くのみで、富豪の輩（豪富）は利を得るという状況が生じました。たしかに、「国家財政が悪影響を受け（公損の深き）」、「国司の地方政治が妨げられて（吏治の妨げ）」います。

国司は「上から抑えつける力」を体現する存在として、戸籍を造って班田農民を支配しようとします。しかし、「上から抑えつける力」が弱まったとき、実態を反映した戸籍の作成が困難になりました。そうした中で「下からわき上がる力」として現れたのが、富豪の輩でした。そして、富豪の輩の活動によって国司は職務を遂行できなくなるのです。


【解答例】

10世紀には作業が煩瑣なことから各地で造籍・班田が困難になり、徴税を逃れるため偽籍が横行するなど、戸籍は実態とかけ離れていった。こうした中で貧富の差が拡大すると、有力農民は私出挙を通じて周辺の農民を取り込み、経営する私営田を院宮王臣家に寄進して保護を求めたため、国司は徴税を妨げられ国家財政は悪化した。

（150字）

なし崩しになった中央集権体制

いくら三善清行が実在する人数に従って徴税をすべきだと意見したところで、実態に即した戸籍を造る力が国司（律令国家）にはないのですから、どうにもなりません。醍醐天皇の改革は、失敗に終わったことで、班田制を立て直し、計帳に基いて租税を取り立てることがもはや不可能であることが、かえって明らかになりました。

そこで、律令制における従来のシステムを改める、抜本的な改革が行われることになります。その柱となったのが、国司制度改革と税制改革です。

まず、国司制度改革では、国司に一定額の税の納入を請け負わせ、一国の支配を一任することにしました。要は、ノルマの分だけ税を集めてきてくれ、その代わり、権限を与えるから好きにしてよい、ということです。これを「国司の徴税請負人化」と言います。その結果、国司でも最上級の者（多くの国では守《かみ》、皇族が守である国では介《すけ》）に権限が集中し、受領《ずりよう》と呼ばれるようになりました。

ノルマさえ達成すれば好きにしてよいというのは、私腹を肥やしてもよいということです。そこで、強欲に収奪を行う受領が現れます。『今昔《こんじやく》物語集』に、谷底に落ちても平茸を採ってきたというエピソードとともに、「受領ハ倒ルル所ニ土ヲ摑メ」という言葉が記された、信濃国守・藤原陳忠《のぶただ》などが知られています。また、国司はおいしいポストとなったため、私財を用いて得ようとする風潮も生じました。賄賂を贈る相手は、官吏の任免権を握る摂関家です（前問参照）。

次に、税制改革では、全国的な土地調査によって公田の面積を確定したうえで、それをもとに国司が富豪の輩に公田を割り当て、その面積に応じて、官物《かんもつ》・臨時《りんじ》雑役《ぞうやく》などを課すことにしました。人は勝手に移動しますが土地はまさに「不動産」ですので、掌握は戸籍の作成などと比べれば難しくありません。国司が富豪の輩に割り当てる際の、公田を区分する単位を「名《みょう》（田）」と言い、名（田）を請け負わせる体制なので「負名《ふみょう》体制」と言います。

本来、国司は律令に基いて職務を遂行する官吏でした。また、租庸調を中心とする税も、律令に基づいて課されるものでした。しかし、もはや戸籍・計帳を作成して班田農民をがんじがらめに支配することはできません。そこで、そのような「上から抑えつける力」で支配する方法を断念したのが、この一連の改革と捉えることができるでしょう。

ところで、「上から抑えつける力」はなぜ弱まったのでしょうか？

古代の前半には対外的危機に備えて律令に基づく中央集権国家の建設が目指されたと説明しました。これを裏返せば、対外的危機が去れば中央集権体制をとる必要もなくなるということです。8世紀半ばには唐の国内で大規模な反乱（安史《あんし》の乱）が起こり、唐の脅威は薄れつつありました。これを受け、軍事体制においても、辺境を除いて徴兵に基づく軍団兵士制が廃止され、郡司の子弟を中心とする健児《こんでい》の制が採用されました。

ここに、税収の減少による財政の悪化が重なります。中央集権体制というのは非常にコストのかかる支配体制です。そこで、対外的な危機も緩和されたし、無理してがんじがらめに支配することもないということで、中央集権体制はなし崩しになったのが古代の後半であったと捉えられるでしょう。

上皇の存在が中世の扉を開く

中央集権体制がなし崩しになり、「上から抑えつける力」が弱まったところに、「下からわき上がる力」として現れたのが、富豪の輩です。富豪の輩は、国司から名（田）を請け負うだけでなく、山林原野を切り開く開発領主に成長していきます。そして、徴税を逃れるために所領を都の権門勢家《けんもんせいか》に寄進する一方（寄進地系荘園の成立です）、勢力の維持・拡大を図るべく一族で小武士団を形成しました。

こうして、荘園や武士といった中世社会に不可欠な要素が用意されるのです。

ところで、古代と中世の時代区分について、「古代＝貴族の時代／中世＝武士の時代」という認識で、中世は鎌倉幕府の成立（あるいはその前の平氏政権の成立）から始まると教わってきたという方が多いかもしれません。しかし、現行の教科書では、中世は院政から始まっているのです。

それは、中世という時代の捉え方にも関わります。現行の教科書では、次のように記述されています。

「こうして院政期には、私的な土地所有が展開して、院や大寺社・武士が独自の権力を形成するなど、広く権力が分散していくことになり、社会を実力で動かそうとする風潮が強まって、中世社会はここに始まった。」（山川出版社『詳説日本史』）

「上から抑えつける力」によって統一的な秩序が与えられることがなくなり、「下からわき上がる力」によって様々な存在が登場してくるのですから、多様性のある社会になります。それが「広く権力が分散していく」ということです。また、「上から抑えつける力」が弱まるというのは、自由に振る舞えるということであるとともに、勢力を伸ばすのも衰退するのも自分次第ということでもあります。その意味で、中世は実力社会であったと言えるでしょう。

そのような観点から、前問の最後で積み残しにしておいた、摂関政治から院政への移行について考えてみましょう。摂関政治は、あくまでも律令に基づく太政官の組織に依拠した政治システムであり、それゆえ、何事も先例どおりに行うことが重視されました。しかし、それでは開発領主や武士といった、「下からわき上がる力」によって生み出された新しい存在に対処することができません。

これに対して、院政では上皇が法や慣例にとらわれない立場から専制的に実権をふるいました。広く権力が分散し、実力社会に移行する中で、既存の枠組みにとらわれない新たな秩序の建設者として求められたのが、上皇のような存在だったのです。

そして、先例にとらわれない上皇だからこそ、武士を登用することができました。それは裏返せば、実力社会において上皇も武士のような実力で問題を解決できる者を必要とした、ということでもあります。そうした上皇と結びつくことで台頭したのが桓武平氏です。桓武平氏から平清盛が現れ、後白河院政下で武士として初めて太政大臣になって、実権を握りました（平氏政権の成立）。このようにして、上皇の存在が中世の扉を開いたのです。

第二部　中世

『源平合戦図屏風』（赤間神宮所蔵）

中世1

鎌倉時代の幕府と朝廷の関係

朝廷あっての幕府、幕府あっての朝廷

予備校や学校の授業で鎌倉時代に入っていくときに、最初に生徒の誤解を解いておかなくてはならないのは、鎌倉に武家政権として幕府が成立したけれども、それによって朝廷が完全に力を失ったわけでも、ましてや上皇や天皇が存在しなくなったわけでもない、ということです（現代まで天皇家が続いていることを考えれば、天皇がいなくなるなどありえないのですが、過去の歴史の積み重ねによって現在があるという認識がないと、そうした誤解が生じます。そして、そのような誤解はまた、いまの歴史教育の課題も示唆しているでしょう）。

前問の最後で、平清盛は後白河院政下で武士として初めて太政大臣となり、実権を握ったと説明しましたが、清盛の朝廷とのこうした関係は、鎌倉幕府を開いた源頼朝も変わり

ません。

頼朝は、源平の争乱のさなか、後白河法皇（出家した上皇を法皇といいます）との交渉により、１１８３年に寿永《じゅえい》二年十月の宣旨《せんじ》が発せられ、東国（東海道・東山道）の支配権が認められました。ついで１１８５年、壇ノ浦の戦いを最後に平氏が滅亡すると、頼朝は不和となった弟の源義経の逮捕を名目として、各国に惣追捕使《そうついぶし》、荘園・公領ごとに荘郷地《しょうごうじ》頭《とう》を設置する権限を認められます。これが後の守護・地頭であり、軍事・警察権が朝廷から頼朝に委ねられたということを意味していました。

このように、頼朝は朝廷からさまざまな権限を認められる形で武家政権として鎌倉に幕府を樹立したのであって、最終的に、１１９２年の後白河法皇の死後、征夷大将軍に任命されるのです（ちなみに、「現在の学校の日本史では鎌倉幕府の成立を１１９２年と教えていない」ということは、だいぶ知られていますが、それはいま見た経緯によります。教科書でも、守護・地頭の設置に続いて、「こうして東国を中心にした頼朝の支配権は西国にもおよびはじめ、武家政権としての鎌倉幕府が確立した。」〔山川出版社『詳説日本史』〕と記述されているのみで、鎌倉幕府の成立年は明確にされていません）。

また、成立した当初の鎌倉幕府というのは、東国の武士に支えられたローカルな政権にすぎませんでした。西国は朝廷の影響力が強かったですから、朝廷（公家政権）と幕府（武家政権）が相並んでいたと捉えるべきでしょう。これを公武二元支配と言います。しかも、幕府は朝廷から与えられた権限を根拠としていましたし、朝廷も幕府の軍事力に頼っていましたので、両者は持ちつ持たれつの協調的な関係にありました。

しかし、その関係は、ある出来事をきっかけに変化が生じます。そして、朝廷の最大の関心事である皇位継承にも影響をおよぼしました。次の東大の問題は、朝廷と幕府の間に何があったのかを問います。

【問題】

次の（1）〜（3）の文章を読んで、下記の設問A・Bに答えなさい。

（1）1235年、隠岐に流されていた後鳥羽上皇の帰京を望む声が朝廷で高まったことをうけ、当時の朝廷を主導していた九条道家は鎌倉幕府に後鳥羽上皇の帰京を提案したが、幕府は拒否した。

（２）後嵯峨上皇は、後深草上皇と亀山天皇のどちらが次に院政を行うか決めなかった。そのため、後嵯峨上皇の没後、天皇家は持明院統と大覚寺統に分かれた。

（３）持明院統と大覚寺統からはしばしば鎌倉に使者が派遣され、その様子は「競馬のごとし」と言われた。

設問

Ａ　後鳥羽上皇が隠岐に流される原因となった事件について、その事件がその後の朝廷と幕府の関係に与えた影響にもふれつつ、60字以内で説明しなさい。

Ｂ　持明院統と大覚寺統の双方から鎌倉に使者が派遣されたのはなぜか。次の系図を参考に、朝廷の側の事情、およびＡの事件以後の朝廷と幕府の関係に留意して、90字以内で述べなさい。

系図

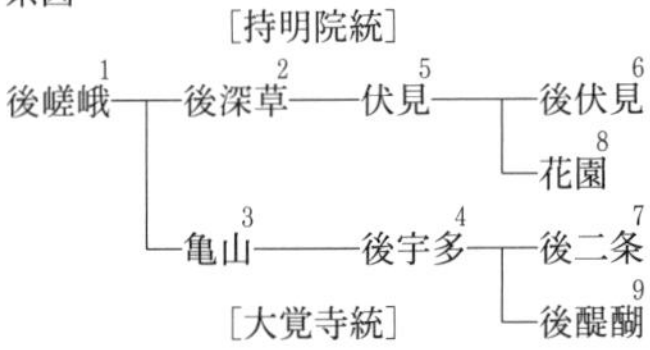

＊数字は天皇に即位した順

（東大　２０１９年度）

後鳥羽上皇と源実朝の親密な関係

設問Aは、「後鳥羽上皇が隠岐に流される原因となった事件」と、「その事件がその後の朝廷と幕府の関係に与えた影響」が問われています。「その事件」が１２２１年に後鳥羽上皇が北条義時《よしとき》追討の兵を挙げた承久の乱であり、幕府側の圧倒的な勝利に終わった結果、朝幕関係において幕府が優位に立ち、皇位継承にも介入するようになったということは、教科書を読んできちんと学習している受験生にとっては、けっして難しくはないでしょう（その「きちんと」が、本当は難しいのですが）。

ですが、なぜ後鳥羽上皇は倒幕を試みたのでしょうか？　その背景には、先に述べた朝廷と幕府との関係が横たわっていますので、その点について深掘りしたいと思います。

後鳥羽上皇は、政治・文化の両面にわたってその才能を発揮した人物です。まず、文化面では、藤原定家《さだいえ》・家隆《いえたか》らに命じて『新古今和歌集』の編纂を行っています。また、政治面では、皇族たちに分散していた荘園を長講堂《ちょうこうどう》領・八条院《はちじょういん》領に整理して経済基盤を確立するとともに、院の御所の警備に従来の北面の武士に加えて新たに西面の武士を置くなど、院政の強化を図りました。

そのうえで、鎌倉幕府３代将軍の源実朝《さねとも》との密接な関係を築きました。実朝も『金槐《きんかい》和歌集』を編むなど後鳥羽上皇と同じく文人として知られますが、両者は藤原定家などを介して信頼関係を深めています。また、後鳥羽は外戚にあたる坊門《ぼうもん》家の西八条禅尼《にしはちじょうぜんに》（信子《のぶこ》）を実朝の正室としました。姻戚関係でも結ばれたのです。

そして、１２１８年には実朝を右大臣に任じました。この地位は、実朝の父である初代

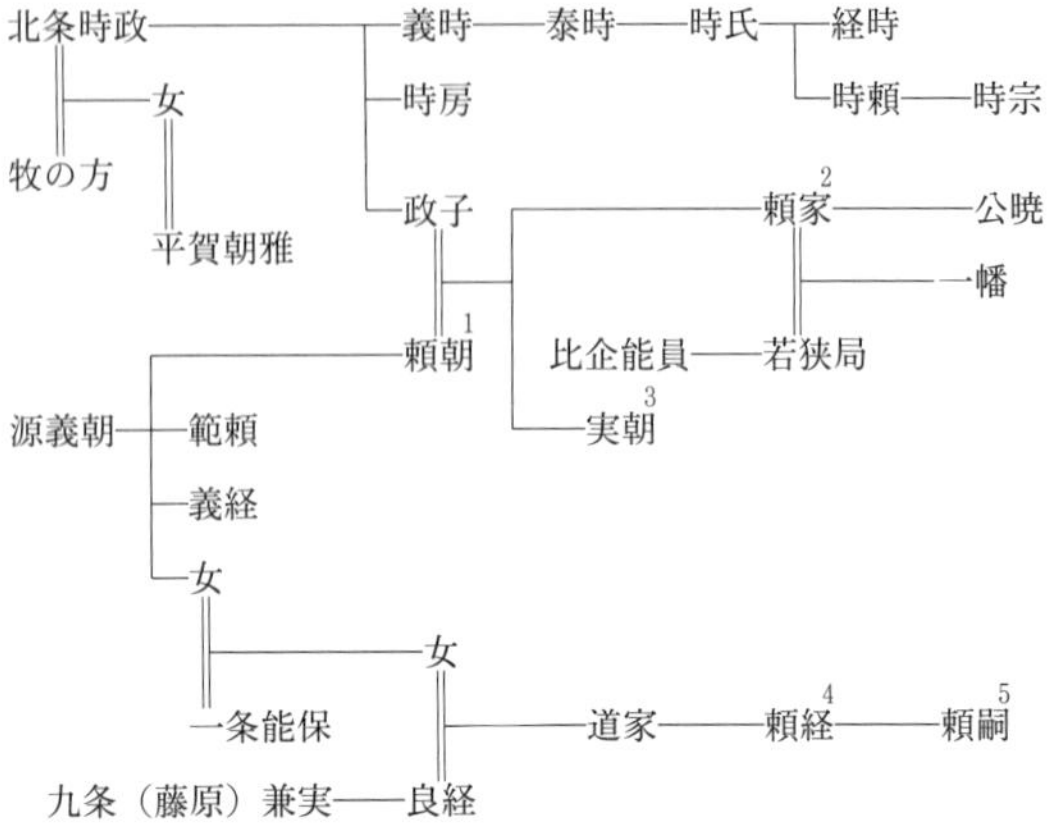

摂関家出身の摂家将軍（藤原将軍）は頼朝の遠い親戚にあたった。
数字は将軍の代数

図7　源氏・北条氏・藤原（九条）氏の関係系図

将軍の頼朝を超えるものです（頼朝は権《ごん》大納言《だいなごん》どまり）。先に述べたように、朝廷と幕府とは持ちつ持たれつの関係にありました。そこで、後鳥羽上皇は、実朝を取り込むことで、良好な関係を保とうとしたのです。

しかし、その関係は実朝が右大臣となった翌1219年に暗殺されたことで、突然の終わりを迎えます。実行者である2代将軍・源頼家《よりいえ》の遺児である公暁《くぎょう》がほどなく誅殺《ちゅうさつ》されたこともあり、真相は闇の中ですが、和歌にいそしみ朝廷での昇進に余念がない実朝の貴族的な振る舞いが、御家人（将軍と主従関係を結んだ武士）の不信を買ったということも一因だったかもしれません。

いずれにしろ、実朝が亡くなったことで、源氏の血統は途絶えました。そこで、２代執権（政所別当〔長官〕と侍所別当を兼ねた北条氏の地位を「執権」と呼びました）の北条義《よし》時《とき》は、将軍として親王の東下を後鳥羽上皇に求めます。当時、武士の棟梁である将軍（征夷大将軍）は血筋の尊い貴種であるべきという観念があり、それに従ったものです。しかし、後鳥羽上皇はこれを拒否します。そのころ、後鳥羽の寵姫《ちょうき》であった伊《い》賀局《がのつぼね》の荘園をめぐる地頭とのトラブルもあって、信頼関係が失われていました。というよりも、関係は実朝個人と築かれたものですから、死とともになくなって当然です（結局、後継将軍としては、頼朝の遠縁にあたる幼少の三《み》寅《とら》（九条頼経《よりつね》）が送られました）。

結局、朝廷と幕府とのギクシャクした関係は修復されず、２年後の１２２１年、後鳥羽上皇は北条義時追討の院宣を発して、全国の武士に挙兵を呼びかけます。しかし、東国の武士の大多数は幕府側につきました。幕府軍は19万とも言われますが、これはおそらく誇張でしょう。いずれにしろ、北条泰時《やすとき》（義時の子）・時房《ときふさ》（義時の弟）の率いる幕府軍が京都を攻めると、わずか１ヶ月で幕府側の圧勝に終わりました。

幕府にとっても「勝ちすぎ」はよくなかった

乱後、幕府は後鳥羽上皇を隠岐に、順徳上皇は佐渡に、土御門《つちみかど》上皇は土佐（後に阿波）に配流《はいる》しました。また、後鳥羽の孫にあたる仲恭《ちゅうきょう》天皇を退位させ、代わって後鳥羽直系ではない後堀河天皇を擁立しました。さらに、京都に六波羅探題《ろくはらたんだい》を置いて、朝廷の監視をさせています。このように、幕府は朝幕関係において優位に立ち、皇位継承にも介入していくようになったのです。

ここで資料文（1）を読むと、後鳥羽上皇を帰京させたいという朝廷側の要望を幕府が拒否していることが分かります。本来、院政において皇位継承権を握っていたのは、天皇家の家長の立場から幼少の天皇を後見する、治天《ちてん》の君《きみ》たる上皇でした（上皇の中で実権をもつ者を「治天の君」と言います。承久の乱の時にも上記のとおり3人の上皇がいましたが、治天の君は後鳥羽でした）。つまり、幕府は後鳥羽が治天の君に復帰することを許さなかったということです。

乱後にはまた、上皇方の所領約３０００か所を没収し、戦功を立てた御家人に与えました。上皇方の荘園は主に畿内・西国にありましたので、東国の御家人が地頭に任命され、現地の支配を行うようになります。本問の冒頭で、鎌倉幕府は東国のローカルな政権にすぎなかったと述べました。そもそも支配権が明確に認められていたのは、先述の寿永二年十月の宣旨による東国のみでした。その意味で、承久の乱は鎌倉幕府が全国政権へと脱皮する契機となったと言えます。

このように、承久の乱の結果、幕府は朝幕関係で優位に立ち、西国にも勢力を広げました。幕府の完勝だったわけですが、しかし、それは手放しに喜べるものではありませんでした。というのも、公武二元支配の状況において、幕府は朝廷と協調的な関係を保ってきたからです。幕府が完全に上に立つというのは、そのバランスが崩れるということも意味します。

承久の乱から11年後の1232年、幕府は裁判基準を明確化するため、御成敗式目（貞永式目）を制定しています。乱後、地頭による荘園侵略の動きが目立つようになり（それも朝幕間の力関係が崩れたことが原因です）、所領紛争をめぐる訴訟が増加していたことに対処するものでした。51か条からなる式目のなかには、年貢を荘園領主に納めない地頭はクビにするという条文もあり、務めを果たさない地頭に幕府が手をこまねいていた様子がうかがわれます。

さて、御成敗式目を制定した3代執権の北条泰時は、六波羅探題にいた弟の重時《しげとき》に、その趣旨を説明する手紙を送っています。そこには、「この式目は武士たちのためのものですので、これにより朝廷の御沙汰《ごさた》や律令が変更されるということはありません。もしも貴族たちから非難があったら、このように説明してください」という内容が書かれていました。協調関係を保つため、朝廷に配慮を示したのです。

このように見ると、幕府は承久の乱の勝利によって、新たな悩みの種を抱えてしまったと言えるかもしれません。その一つが、皇位継承をめぐる問題でした。

皇位継承に振り回される幕府

設問Bは、「持明院統と大覚寺統の双方から鎌倉に使者が派遣された」理由が問われていますが、そこからは、幕府が皇位継承にいかに悩まされてきたかが透けて見えます。事の発端は、資料文（2）にあるとおり、後嵯峨上皇が次の治天の君を決めなかったことにありました。

実は、この後嵯峨の天皇即位からして複雑な事情がありました。１２４２年、承久の乱後に即位した後堀河の皇子である四条《しじょう》天皇が、12歳で夭逝しました。そこで、朝廷は順徳の皇子（つまり後鳥羽の孫）である忠成王《ただなりおう》を擁立しようとしました。この時、朝廷を主導していたのは、資料文（１）に出てくる九条道家《みちいえ》です。道家が後鳥羽直系の復活を望んでいたことがよく分かります。しかし、皇位継承に介入する立場の幕府は、これを認めません。代わって立てられたのが、土御門の皇子である後嵯峨（邦仁王《くにひとおう》）でした（土御門は、承久の乱では中立的な立場であり、乱後には自ら願い出て配流されていますから、幕府としても許容できました）。

即位した後嵯峨は、幕府の求めに応じて皇子の宗尊《むねたか》親王を将軍として鎌倉に送る（皇族将軍の始まり）など、幕府との関係の修復に努めます。いや、自分を即位させた幕府に頭が上がらなかったと言う方が、当たっているかもしれません。しかし、皇位継承に関しては我を通し、幕府を困らせることになります。

後嵯峨は在位４年で皇子の後深草《ごふかくさ》に譲位し、院政を開始しました。しかし、後嵯峨が目をかけていたのは、病弱な後深草ではなく、その弟の才気煥発な亀山の方でした。１２５９年には、後深草から亀山に譲位させ、さらに、１２６８年には亀山の皇子である世仁《よひと》親王（後の後宇多《ごうだ》天皇）を皇太子に立てました。ですので、後嵯峨の意志は亀山の子孫に皇位を継がせたいということだったと考えられます。

しかし、後嵯峨は明確な意志を示さないまま１２７２年に亡くなります。そこには、幕府の介入で即位したという自らの経験上、幕府の承諾を得ぬまま意向を表明しても意味がないという考えが働いたのかもしれません。後嵯峨は治天の君の決定や皇位継承をすべて委ねたのです。

しかし、ボールを渡されても困るのは幕府の方です。幕府は以上の経緯から亀山を治天の君とする案を示しましたが、これに不満の後深草が出家をちらつかせて抗議の姿勢を示すと、幕府も折れて皇子の熙仁《ひろひと》親王（後の伏見天皇）を皇太子に立てることを認めました。こうして、皇統は後深草の持明院統《じみよういんとう》と亀山の大覚寺《だいかくじ》統《とう》に分かれ、後の南北朝の分立につながります。そして、資料文（3）に見られるとおり、皇位継承の決定権を握る幕府に取り入るため、両統とも「競馬《くらべうま》」のごとく鎌倉に使者を遣わしたのです。

ところで、教科書には「幕府はたびたび調停をおこない、その結果、両統が交代で皇位につく方式（両統迭立《てつりつ》）がとられるようになった。」（山川出版社『詳説日本史』）と記述されていますが、問題の系図で示された皇位継承順からも分かるとおり、機械的に交互についていたわけではありません。後鳥羽直系の復活のように絶対に認められない場合や、後深草のように事態がこじれた場合を除いて、幕府の回答はたいてい「両者でよく話し合って決めなさい」でした。

（なお、かつては１３１７年の文保《ぶんぽう》の和談により幕府の仲裁で両統迭立が確立したとされていましたが、最近では否定的な説が有力で、教科書にも記載されなくなりました。この件は後醍醐天皇の即位にも関わりますので、次の問題で改めて説明します。）

交互の即位を機械的に決めないことは、幕府にとって両統を操るための賢明な判断であったと考えられます。しかし、思わぬ形で生じた皇位継承の問題に振り回されていたというのが、実情だったのかもしれません。

【解答例】

A　源氏血統の断絶を機に朝幕関係が緊張する中、後鳥羽上皇は北条義時追討の兵を挙げたが、幕府が勝利し、朝廷に対し優位に立った。（60字）

B　持明院統と大覚寺統が対立する中、治天の君や皇位継承に介入し、決定する立場にあった幕府は、中立の姿勢をとっていたため、両統とも自らの側からの立太子を勝ち取るため、幕府に働きかけた。（89字）

承久の乱の完勝が鎌倉幕府の滅亡の遠因だった

このように、皇位継承をめぐる持明院統と大覚寺統の対立は、幕府にとっても厄介な問題でした。先に触れた１３１７年の文保の和談で即位したのが、大覚寺統の後醍醐天皇です。幕府の介入という桎梏《しっこく》にとらわれた後醍醐は、倒幕を目指すことになります。そもそも、幕府が皇位継承の決定権を握ったのは、承久の乱で完勝を収めたことによりました。それがめぐりめぐって幕府滅亡の一因となるわけですから、まさに「禍福は糾《あざな》える縄のごとし」です。

さらに言えば、承久の乱における勝利は、幕府の支配体制にも変化をもたらし、それが幕府の内部崩壊にもつながっていきます。先に述べたように、畿内・西国に広がる上皇方の所領を没収し、戦功のあった御家人を新たに地頭に任命して送り込んだことで、東国のローカルな政権にすぎなかった幕府は、全国政権への道のりを歩み始めました。

成立当初の幕府は、将軍と御家人との私的な紐帯《ちゅうたい》によって成り立っていました。それはまた、東国という限定された範囲であるからこそ、可能なものでした。ですが、全国政権となるからには、そうした個人商店のようなやり方では通用しません。そこで、幕府は承久の乱後、組織を拡充し、北条氏を中心とする合議体制を整えます。御成敗式目の制定もその一環と言えるでしょう（次の問題でより詳しく説明します）。

しかし、それは一方で、一御家人であるはずの北条氏を突出させることにもなりました。その傾向は二度にわたる蒙古襲来をへて顕著なものとなり、北条氏嫡流である得宗《とくそう》に権力が集中して、専制体制が現出します。御家人はそれに不満をいだき、しだいに幕府から心が離れていきました。

こうして見ると、承久の乱の完勝が皇位継承と支配体制の変容という2つの問題を生じさせ、幕府滅亡の遠因となったと言えるかもしれません。この点については、後醍醐天皇が樹立した建武政権とも関わりますので、次の問題でさらに深掘りしたいと思います。

中世2

後醍醐天皇の理想と現実

変わる後醍醐天皇像

南北朝の動乱について記した軍記物語『太平記』の、後醍醐天皇に対する評価と書きぶりは、何とも不可思議です。鎌倉幕府を滅ぼして、朝廷に政治の実権を取り戻した後醍醐天皇は、はじめは明君と称えられます。しかし、いざ建武の新政を始めると、専制的な手法に離反が相次ぎ、一転して暗君として描かれる。その評価に一貫性がないのです。

現行の学校の教科書でも、特に建武の新政に対しては批判的です。たとえば、山川出版社『詳説日本史』には、「天皇中心の新政策は、それまで武士の社会につくられていた慣習を無視していたため、多くの武士の不満と抵抗を引きおこした。また、にわかづくりの政治機構と内部の複雑な人間的対立は、政務の停滞や社会の混乱をまねいて、人々の信頼を急速に失っていった」とあります。

腐りきった鎌倉幕府を倒したまではよいが、理想だけが先走りして現実からかけ離れ、政権は3年足らずで空中分解して、南北朝の分立をまねいた。読者の皆さんの後醍醐天皇に対するイメージは、こんなところではないでしょうか。

しかし、近年では、建武の新政の鎌倉時代からの連続性を認め、続く室町幕府の諸政策につながる先進性を評価する向きが見られます。また鎌倉幕府の倒幕の過程についても、皇位継承をめぐる後醍醐天皇の置かれた立場からの捉え直しが進んでいます。

ですので、次に見る後醍醐天皇の建武の新政に関する大阪大の問題も、そうした動向を踏まえて出題されたものでしょう。筆者はただの予備校講師であるがゆえに限界はありますが、できる限り新しい後醍醐天皇像を示しながら、解説していきたいと思います。

【問題】

鎌倉幕府を倒した後醍醐天皇は自らの理念のもとに「建武の新政」とよばれる政治を行ったが、これは数年しか続かなかった。その理由について、鎌倉時代の政治との違いに留意しながら、具体的に述べなさい（200字程度）。

（大阪大　2022年度）

後醍醐天皇が倒幕を目指した事情

まず、後醍醐天皇がなぜ倒幕を目指したのか、その理由から話を始めましょう。そこには、後醍醐の即位に関わる複雑な事情があります。

大覚寺統・後宇多《ごうだ》上皇の第二皇子である後醍醐天皇（尊治《たかはる》親王）が即位したのは、1318年、31歳の時です。院政においては、治天の君である上皇の下で天皇は幼少で即位することを常としてきましたから、30代での即位というのは異例のことでした。それは、後宇多の第一皇子である後二条天皇（邦治《くにはる》親王）が1308年に24歳の若さで亡くなってしまったことによります。そのため、皇位は持明院統の花園天皇に移りました。前問で見たとおり、持明院統と大覚寺統の両統が皇位をめぐって争っていた時期ですから、大覚寺統としても次の候補者を立てなければなりません。そこで後醍醐にチャンスが訪れたのです。

しかし、後宇多は将来的に後二条の子孫が皇位を継ぐべきものと考えていて、後醍醐の即位と同時に後二条の子である邦良《くによし》親王が皇太子として立てられました。後醍醐ははじめ、

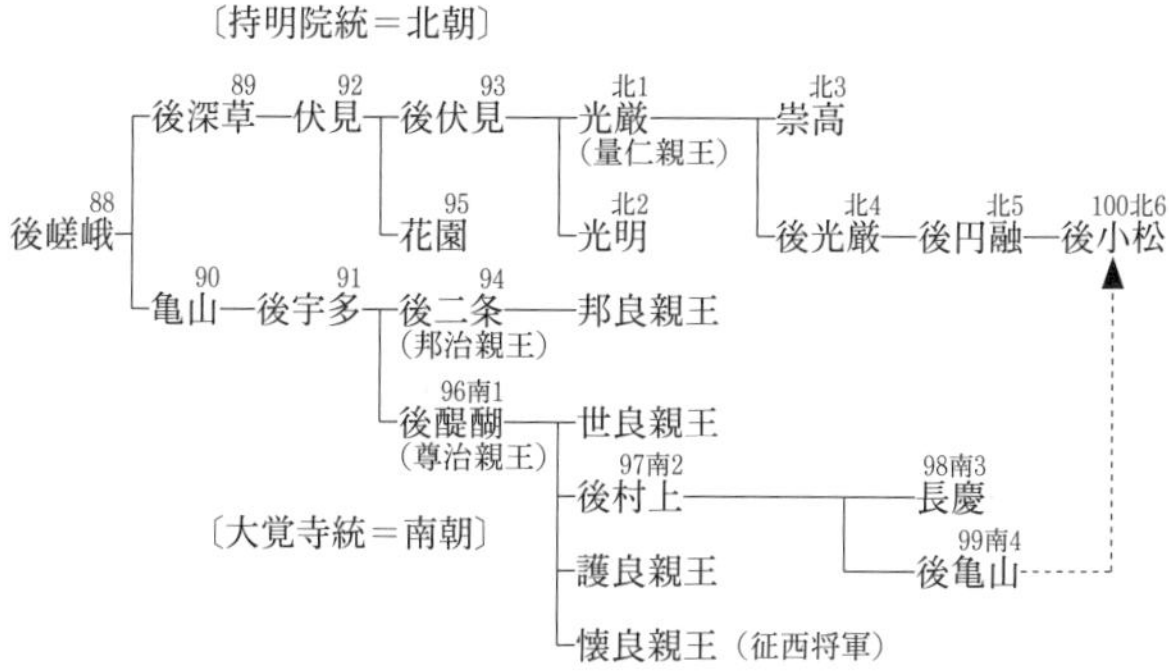

数字は天皇の代数

図８　後醍醐を中心とする天皇家系図

後宇多の後継者であることを自認し、大覚寺統の結束と維持に努めていました。しかし、子孫に自らの地位を継がせたいと考えるのは人間の性《さが》でしょうか、邦良親王が即位せぬまま１３２６年に亡くなると、皇位継承は大覚寺統の後二条の系統と後醍醐の系統に持明院統も加わった、三つどもえの様相を呈するようになるのです。

ところで、かつては後醍醐の即位は前問で触れた文保の和談（１３１７）で決定されたと考えられていました。そして、文保の和談では、後醍醐の即位（前出の持明院統の花園の譲位）とともに、今後は在位の年数を10年とすること、皇太子は大覚寺統の邦良親王とし、その次は持明院統から出すことなどが決められ、これにより両統迭立が確立したというのが定説でした。しかし、10年という在位年数は史料的に根拠に乏しく、大覚寺統の天皇と皇太子が続くことを持明院統がよしとするはずがありません。また、皇位に関して「決められない」幕府がこの時に限って決断力を見せたというのにも違和感があります。

それゆえ、近年では、「和談」といってもただ幕府の仲介で話し合っただけで、両統で合意に達したわけではなく、持明院統の伏見上皇が亡くなったのに乗じて後宇多が後醍醐の即位と邦良親王の立太子を決めたというのが実情であると考えられています。

話を戻しましょう。後醍醐が皇位をおのれの子らに継がせたいという意志をもったとき、その障害となるのは、明確な態度を示さないまま皇位継承の決定権を握り続ける幕府の存在でした。その意味で、後醍醐が倒幕に向かったのは必然であったと言えるでしょう。

正中の変は後醍醐天皇の冤罪だった!?

正直なところ、文保の和談で後醍醐天皇は10年1代限りということが運命づけられていたとするならば、自らの子孫に皇位を継がせるため倒幕を目指すというストーリーはどんなにか描きやすいでしょうか（筆者も長らくそうでした）。しかし、人間というのはそれほど合理的一貫性をもって動く生き物ではなく、それゆえに歴史も一直線には進みません。

そして、「分かりやすい説明」に流されないようにということは、常に戒めとしているところです。

さて、持明院統との関係や、父である後宇多上皇の思惑など、さまざまな要素が絡み合う中で即位した後醍醐は、後宇多の院政を停止するなど天皇の権限強化を図るとともに、皇位継承に介入する幕府を倒すことを決意し、正中《しょうちゅう》の変（１３２４）・元弘《げんこう》の変（１３３１）と二度にわたり倒幕を企図したものの失敗に終わった——というのが従来の教科書的な説明ですが、話はそう簡単ではありません。

まず、兄・後二条の子孫に皇位を継がせようとする父・後宇多に対する反発ということは、かねてから指摘されるところですが、先に少し触れたように、後醍醐には後宇多の後継者という自覚があり、真言密教の庇護者としての側面など多くのものを受け継いでいました。また、生前に自ら定めた後醍醐という諡号《しごう》も、平安前期の宇多—醍醐という嫡子継承の構図を、父の後宇多との関係に重ね合わせたのでしょう。院政の停止と天皇親政の開始も、大覚寺統の基盤確立という視点から捉え直されています。

しかも、１回目の倒幕計画とされる正中の変は、冤罪であったとの説が有力となりつつあります。そもそも、後醍醐は幕府から無罪判決を受けているのです。従来は幕府が弱腰で後醍醐を断罪できなかったと解釈されていましたが、よく考えると、幕府が後醍醐に遠慮する筋合いはどこにもありません。

正中の変が起こった（冤罪ならば何も起こっていないのですが）１３２４年は、後宇多が亡くなった年でした。これにより、大覚寺統内でも後醍醐系と後二条系の間でわだかまりが生じます。そして、この機に乗じて持明院統が後二条系と組み、後醍醐が腹心の日野資《す》朝《とも》らと開いていた無礼講にかこつけて倒幕計画をでっち上げた、というのが真相のようです（なお、日野資朝はあいまいな理由で佐渡に配流となっています。完全に無罪とするならば、持明院統と後二条系を処罰せざるを得ないので、真相をうやむやにしたまま幕引きを図ったという説明には、説得力があります）。

以上のとおり、後醍醐が当初から倒幕の意志を持っていたと考えるのは難しいですが、１３３０年に世継ぎと考えていた第二皇子の世良《ときよし》親王が早逝し、持明院統の量仁《かずひと》親王への譲位の圧力が高まると、具体的に倒幕計画を練り始めたようです。計画は側近の吉田定房《さだふさ》の密告で発覚し、後醍醐は京都を逃れ笠置《かさぎ》山《やま》で挙兵しますが、幕府に捕らえられて隠岐に配流となり、代わって量仁親王が光厳《こうごん》天皇として即位しました。

しかし、新興勢力である悪党（後述）は後醍醐を支持し、楠木正成《くすのきまさしげ》が千早城《ちはやじょう》で幕府に抵抗する一方、名和《なわ》長年《ながとし》は後醍醐を隠岐から船上山《せんじょうさん》（鳥取県）に脱出させます。また、幕府から離反する御家人も相次ぎます。結局、足利高氏（後の尊氏）が六波羅探題を、新田《にった》義貞《よしさだ》が鎌倉を攻略して、1333年に幕府は滅亡しました。

ところで、なぜ御家人は幕府に反旗をひるがえし、後醍醐についたのでしょうか？　それは、当時の鎌倉幕府の状況にも関わります。

執権政治の本質は合議制にあった

ここで問題文を読み直してみると、「鎌倉時代の政治との違いに留意しながら」と条件が付けられていますね。そこで、鎌倉幕府の政治体制について整理すると、①将軍親裁→②執権政治→③得宗専制と推移したと捉えられます。

まず、幕府成立当初は、草創者である初代将軍・源頼朝の決裁によって全てが決められました。これが①将軍親裁です。東国の武士たち（御家人）は頼朝とともに平氏討伐のために戦ったわけですから、その主従関係は強固です。頼朝が決めたことに従うのは当然でしょう。

後に制定された御成敗式目には、「右大将家の御時《おんとき》定め置かるる所」のような文言がたびたび出てきます。頼朝は1190年に上洛した際、後白河法皇から右近衛大将《うこんえのたいしょう》に任官（ほどなく辞官）されていますので、史料で「（先）右大将」など出てくれば頼朝のことです。頼朝が決めた先例は、御成敗式目にも採用され、武家社会で重きが置かれたのです。

　しかし、1199年に頼朝が亡くなると、若い2代将軍の頼家を補佐すべく、和田義盛・比企《ひき》能員《よしかず》ら有力御家人と、大江広元・三善康信ら公家出身の官僚の、合わせて13人による合議体制が取られました。ですが、昨年（2022）の大河ドラマ「鎌倉殿の13人」で描かれていたように、それぞれの思惑が絡み合って争いが生じ、そうした中で、頼朝の妻である「尼将軍」北条政子の父・北条時政が、頼家を廃して3代将軍として実朝を立て、実権を握ります。これが執権の始まりです。時政は晩年に失脚しますが、その地位は子の義時からさらに北条氏一族へと引き継がれていくことになります。

　承久の乱後、3代執権となった義時の子・北条泰時は、京都から迎えていた幼少の藤原（九条）頼経を4代将軍として即位させる（摂家将軍）のに先立って、1225年、執権の補佐役として連署を置いて叔父の時房をこれにつけるとともに、有力御家人ら11人を評《ひょう》定衆《じょうしゅう》に選び、重要政務を合議させました。こうして②執権政治が確立します。

　それは、幼少の摂家将軍・皇族将軍（前問で見たとおり、6代将軍・宗尊《むねたか》親王以降は皇族から将軍を迎えます）の下で北条氏が執権として実権を握ったということですが、一方で、承久の乱の勝利による全国政権化に対応したものとも捉えられるでしょう。東国のローカルな政権であれば将軍親裁で十分にやっていけますが、朝幕関係で優位に立ち、西国まで支配を広げるとなると、組織による統治が必要となってきます。そのときに柱となったのが、合議制でした。大事なことは評定衆で話し合って決める。執権政治の本質は合議制だったのです。

北条氏の権力が頂点に達したとき、幕府は滅亡に向かう

しかし、北条氏による権力掌握と、有力御家人らによる合議制は、微妙な均衡によって成り立っていたもので、長続きはしませんでした。やがて合議制は形骸化していき、北条氏嫡流（得宗《とくそう》）による専制体制が生じました。これを③得宗専制と言います。

得宗の名は、2代執権・北条義時の法名である徳宗によるものです。得宗は東北地方・九州地方を中心に広大な所領（得宗領）を保有しており、得宗家の家人である御内人《みうちびと》が管理に当たっていました。5代執権・北条時頼の時代には、1247年に有力御家人の三浦氏一族を滅ぼし（宝治《ほうじ》合戦）、1252年には5代将軍・藤原頼嗣《よりつぐ》を廃して皇族将軍とし

て宗尊親王を迎えるなど、他氏や朝廷に対しても統制を及ぼすようになります。

そして、13世紀後半の二度にわたる蒙古襲来（元寇）を契機に得宗への権力集中が一気に進みました。元《げん》のフビライは三度目の日本征討も計画していたので、幕府も警戒態勢を継続していましたが、そうした中で、幕府は西国の非御家人の動員権や、これまで手出しできなかった本所一円地《ほんじょいちえんち》（地頭が置かれず、荘園領主の支配が貫徹していた土地）からの物資調達権を朝廷から獲得します。対外的危機が幕府の支配権を強化させたのです。

それは、得宗への権力集中とほぼ同義語でした。8代執権・北条時宗は、西国一帯の守護を北条氏一門で固めます。また、続く9代執権・北条貞時の時代には、１２９３年に九州地方の統治機関として博多に鎮西探題《ちんぜいたんだい》が置かれ、やはり北条氏一門が送り込まれました。

このようにして得宗の力は絶大なものとなり、貞時の時代の１２８５年、内管領《うちかんれい》（得宗の家政機関の長官を務める、御内人の中心人物）である平 頼綱《たいらのよりつな》が、時宗の外戚にもあたり、得宗に対抗しうる最後の有力御家人であった安達泰盛《あだちやすもり》一族を滅ぼしたことをもって、得宗専制は確立したとされています。この結果、幕府の公的機関である評定衆は形骸化し、得宗邸で開かれる私的な寄合で政務が行われるようになりました。

しかし、このように言わば北条氏一人勝ち状態になることは、他の御家人にとっては喜ばしいものではありません。御家人が主従関係を結んでいるのは将軍であり、北条氏も一御家人にすぎないからです。御内人にいたっては、御家人ですらありません。また、蒙古襲来後、多くの御家人は、恩賞の不足や分割相続による所領の細分化によって困窮していました（鎌倉時代の武士は、一族で所領を分けあう分割相続によって、惣領《そうりょう》制と呼ばれる血縁的な結束を保っていましたから、分割相続の困難はその動揺も生じさせました）。得宗から、そして、幕府から、御家人が離れていくのは当然とも言えるでしょう。

こうして、得宗は権力が頂点に達したその瞬間に、滅亡へと向かっていきました。後醍醐天皇が倒幕を目指して立ち上がったとき、御家人が後醍醐についたのは、このような鎌倉後期の状況が背景にあったのです。

「公家と武家、水火の争にて……」

以上のとおり、後醍醐天皇の倒幕の過程がそうであるように、建武の新政の評価についても、さまざまな観点から見直しが行われています。ですが、まずは教科書的な説明を示しておきましょう。

室町幕府の成立を中心に描いた歴史物語『梅松論《ばいしょうろん》』には、「今の例は昔の新儀《しんぎ》也。朕《ちん》が新儀は未来の先例たるべし」という後醍醐天皇の言葉が記されています。――いま先例とされていることも、昔は新しく作られたきまりだった。そのように、私が作る新しいきまりも、未来には先例となるであろう。――後醍醐天皇の意気込みが伝わってきます。

では、後醍醐天皇が目指した政治とはどのようなものだったのでしょうか？　それは、公家だけでなく、武家も、寺社も、さらには力をつけつつあった商工業者や悪党も、あらゆる勢力を自らの下に結集させるということです。それは、鎌倉時代のように朝廷（公家）と幕府（武家）が相並ぶのではなく、両者が一体となった強力な政権を打ち立てると言い換えることもできるでしょう。

ですので、後醍醐は平安時代中期に醍醐天皇・村上天皇によって行われた、「延喜《えんぎ》・天《てん》暦《りゃく》の治」と呼ばれる天皇親政を理想としましたが、武家政治を廃して古《いにしえ》の公家政治に戻すという考えはありませんでした。その意味で、戦前には建武の「中興」と呼ばれていましたが、建武の「新政」の方がふさわしい名称です。

さて、後醍醐が自らに権力を集中させるために用いたのが、綸旨《りんじ》と呼ばれる文書です。公家も武家も最大の関心事は土地所有権の確認でしたが、個別に綸旨を発給して所領を安堵（保障）していきました。綸旨を絶対とすることで、みなを従わせようとしたのです。

しかし、それぞれの勢力の利害が対立し、後醍醐に対する不満となって噴出します。

まず、公家が求めたのは、朝廷政治の復活と、武家に侵略された所領の回復でした。ですが、新政の蓋を開けてみれば、武家からの登用が目立つなど公家社会の先例は無視され、所領の回復もままなりません。

次に、武家が求めたのは、新たな棟梁によって合議制に基づく幕府政治が回復され、それにより所領が安堵されることでした。しかし、綸旨を絶対とする後醍醐の手法は独断的であり、また、武家社会の道理（慣習）を踏みにじるものでした。

そもそも公家と武家が一体となって政権を運営するということに無理があったのかもしれません。先に引いた『梅松論』には、「公家と武家、水火の争《あらそい》にて元弘三年（１３３３）も暮れにけり」と記されています。そして、足並みのそろわない建武政権は瓦解するのです。

１３３５年、得宗の末裔である北条時行《ときゆき》が鎌倉で起こした反乱（中先代《なかせんだい》の乱）に乗じて足利尊氏が離反します。翌１３３６年、尊氏は入京して持明院統の光明《こうみょう》天皇を立てたことで（北朝）、建武の新政はわずか3年で終焉を迎えました。しかし、後醍醐は吉野に移って正統性を主張し続け（南朝）、60年近くにわたる南北朝の動乱が始まるのです。

【解答例】
後醍醐天皇は、幕府も院政も摂関政治も否定し、自らが発給する綸旨を原則として、公武ほかあらゆる勢力を自らの下に結集しようとした。しかし、武士たちが求めていたのは、本領安堵を確実なものとするための新たな棟梁の存在と、合議制に基づく幕府政治の回復であり、道理を無視した綸旨による土地所有権の確認に不満を募らせた。また、所領の回復と公家政権の復活を望んでいた貴族も、先例に囚われない後醍醐天皇の手法に反発した。（２０１字）

未来の教科書

教科書の内容を踏まえれば、以上のような解答例で合格点はもらえると思います。ですが、これで満足して良いものか。冒頭で述べたとおり、最近の研究では後醍醐天皇像の見直しが進んでいるのです。

まず、後醍醐天皇は本当に綸旨を万能のツールとして用いていたのでしょうか？　実は、綸旨の発給は、建武政権が発足した当初に集中しています。幕府の滅亡にともなう混乱に対処するために、当面の間、綸旨で個別に対応していたとも捉えられます。

このように、言わば「綸旨万能主義」に疑いの目を向けると、教科書の次のような記述も引っかかります。

「天皇は、醍醐・村上天皇の親政を理想とし、摂政・関白をおかず、幕府も院政も否定した。また、すべての土地所有権の確認には天皇の綸旨を必要とするという趣旨の法令を打ち出して、天皇への権限集中をはかった。しかし、現実には天皇の力だけではおさめきれず、中央には記録所や幕府の引付を受け継いだ雑訴決断所などを設置し、諸国には国司と守護を併置した。」（山川出版社『詳説日本史』）

筆者が引っかかるのは、「しかし、現実には天皇の力だけではおさめきれず」といううつなぎの文言です。たしかに、後醍醐が綸旨を万能と考えていたのならば、それははなから無理だという話で終わります。しかし、後醍醐が公家・武家を一体化した政治組織を構想していたとするならば、見方は変わってくるでしょう。

鎌倉後期は、社会が大きく変動した時代です。その象徴的な存在が、先述した楠木正成・名和長年など後醍醐についた悪党の勢力です。悪党とは、現地での支配権を求める新興の武士層のことで、武力を用いて年貢納入を拒否するなど荘園領主に抵抗したので、支配層からこう呼ばれました。悪党が出現したのは、畿内やその周辺です。農業生産力の向上（次問で詳しく解説します）により有力農民が成長していたこと、荘園領主と承久の乱後に派遣された地頭の力が拮抗し、支配秩序が動揺していたことなどが背景にあります。

こうした悪党のような新しい勢力に対して、朝廷だけでも幕府だけでも対処できません。両者を一体化する政権が求められたのです。さらに言えば、先例・慣習といったこれまでのやり方もアップデートする必要がありました。

一つ例を挙げれば、武家社会の御家人制度です。鎌倉幕府は、将軍が御家人に対して所領支配権を保障し（御恩）、御家人が将軍に対して軍役を負担する（奉公）という主従関係を根幹として成り立っていました。しかし、こうした個人間の関係でやっていけるのは、東国のローカルな政権だった時までです。承久の乱に勝利して全国政権へと脱皮を遂げる際に、御家人制度も改革する必要がありました。

実は、この御家人制度にメスを入れたのは、建武の新政です。個別に軍役を請け負わせるのではなく、政権の官僚として職務を遂行させる。こうした転換は室町幕府に受け継がれました。ですから、室町時代になると「御家人」という用語は用いません。

このように見ると、後醍醐天皇の方針は現実に対応した正しいものであったが、あまりに急激すぎて誰もついていけなくなったと捉えられるかもしれません。今後の教科書の書き換えにも注目していきたいと思います。

中世３

「日本的」な農業の成立

新学習指導要領を先取りする入試問題

いま、学校教育や大学入試のあり方が大きく変わろうとしています。

まず、学校教育においては、学習指導要領が大きく改訂され、高校では２０２２年度の入学生から実施され始めました。新学習指導要領が謳うのは、「知識・技能」「思考力・判断力・表現力等」「学びに向かう力、人間性等」という3つの柱です。

従来の学校教育は、明治以来、知識の教授に偏りがちでした。そうしたキャッチ・アップ型の教育は、戦前においては欧米各国に追いつき、戦後においては経済を復興させ高度成長を実現するうえで効率的なものでしたが、成熟した社会を迎えた現代においては、自分で問いを立て、自分で調べ、自分で考えることが求められるようになっています。今回の学習指導要領は、そうした社会の変化に対応したものです。

そして、新学習指導要領の実施に先行して、２０２１年度から従来の大学入試センター試験に代わって大学入学共通テストが開始されました。共通テストでは、資料文や図表が多用され、たんに知識を問うのではなく、新学習指導要領が掲げる「思考力」や「判断力」を求める問題が出題されています。

こうした変化は、もちろん日本史にも及んでいます。まず、高校の授業では、近現代の歴史を世界の中の日本という視点から多面的に捉える「歴史総合」という科目が新設され、必修とされました。また、従来の「日本史Ａ」「日本史Ｂ」は「日本史総合」「日本史探究」に再編され、新課程用教科書には生徒自身が考えるための問いや資料がふんだんに盛り込まれています。そして、共通テストでもこれに対応して、資料文や図表をもとに受験生に推理させるような工夫がなされています。

ですが、資料文を読み、歴史的な意義や背景を考察するという問題は、従来から主に国公立大の二次試験で論述問題として出題されてきたものです。そのことは、東大の入試問題を紹介した拙著をお読みになった方ならご存知かと思います。論述問題は新学習指導要領を先取りしていたのです。

次の名古屋大の問題は、史料文あり絵図ありと分量が多いですが、中世の農業や農村のあり方を近世と比較する形で問う面白い内容ですので、問題そのものをお楽しみいただけたらと思います。

【問題】

中世の農業に関する次の文章を読み、以下の問いに答えよ。（史料は、一部省略したり、書き改めたりしたところもある。）

現代は、地球温暖化にともなう自然環境の激変が懸念されているが、中世は正反対に、おおむね寒冷期に属し、農作物を育てるのに苦労の多い時代であった。そのような時代においても、人々は、量的、質的に農業生産力を高め、なんとか生き延びようと懸命な努力を重ねていた。

質的な努力でわかりやすいのは、一定の土地の範囲内で収穫量を確保しようという①集約農業の発展である。

量的な努力でわかりやすいのは、農地開発の進展である。②のちにかかげた二つの図ABをみると、同一地域の中世と近世との景観を比較できる。図Aは1316（正和5）年の「日根荘日根野村荒野絵図」、図Bは1761（宝暦11）年の「日根野村井《ゆ》川《かわ》用水絵図」で、いずれも原図の概要を示すトレース図である。日根野村の所在地は和泉国、現在の大阪府南部であるから、基本的には、東方が山地で上流、西方が海で下流である。

トレース図ABの共通点は、第一に、北から北東にかけて山地が描かれ、右下に東北から西南に向かって流れる樫井川が描かれる。第二に、トレース図は道筋を二重線で示すが、図Aの西端の熊野大道は、図Bにはみえない。第三に、東南方向の同じ地点に、大井関（大）明神がまつられている。井関とは、一般には用水の取水口を意味する。第四に、「⌂」等は家屋を示し、その集合体は集落である。図Aのみの表記としては、「井」「田」状の単線で田畠が散在している。図Bのみの表記としては、ため池ともつながる毛細血管状の用水が表示されているが、用水にそって、田畠が全面的に展開していたものと考えられる。

問1　傍線部①に関連して、次に掲げる鎌倉幕府の命令を示す史料を読み、以下の設問に答えよ。

史料

諸国の百姓、田稲を苅り取るの後、其の跡に麦を蒔き、田麦と号す。領主等、件《くだん》の麦の所当を徴取すと云々。租税の法、豈に然るべき哉。自今以後、田麦の所当を取るべからず。宜しく農民の依怙《えこ》（注1）たるべし。此の旨を存じ、備後、備前（注2）両国の御家人等に下知せしむべきの状、仰せに依り執達件《くだん》の如し。

文永元年（1264年）四月二十六日　武蔵守（北条長時）判

相模守（北条政村）判

因幡前司（注3）殿（長井泰重）

（出典：『中世法制史料集』一、221頁）

注1：依怙：利益、私利。

注2：備後、備前：現在の広島県東部と岡山県東南部とに所在した国。

注3：因幡前司：前因幡国司という意味だが、名目的な称号であり、この史料でも、長井は前因幡国司としての役割を期待されていたわけではない。

設問　この史料に記されているのは、どのような農法のことか。また幕府は、この史料でどのようなことを命じているのか、それぞれ述べよ。【筆者注：14・1㎝×2行の解答欄】

問2　傍線部②に関連して、次ページに掲げた図A、図Bと、この二つの図に関するリード文の説明をよくよんで、以下の設問に答えよ。

設問　図の表題からもわかるように、近世の図Bの主題は、毛細血管のようにはりめぐらされた用水で、絵図を作成した人々の関心事は農業に必要な取水だと考えられる。一方、中世の図Aの場合、ⓐ主題は何であり、どのように描かれているか、ⓑなぜ中世は近世とは異なる景観がみられるのか、その政治的、社会的背景、ⓒ図Bは何のために描かれたと考えられるか。以上の三点について述べよ。【筆者注：a・cは14・1㎝×1行、bは14・1㎝×2行の解答欄】

図A

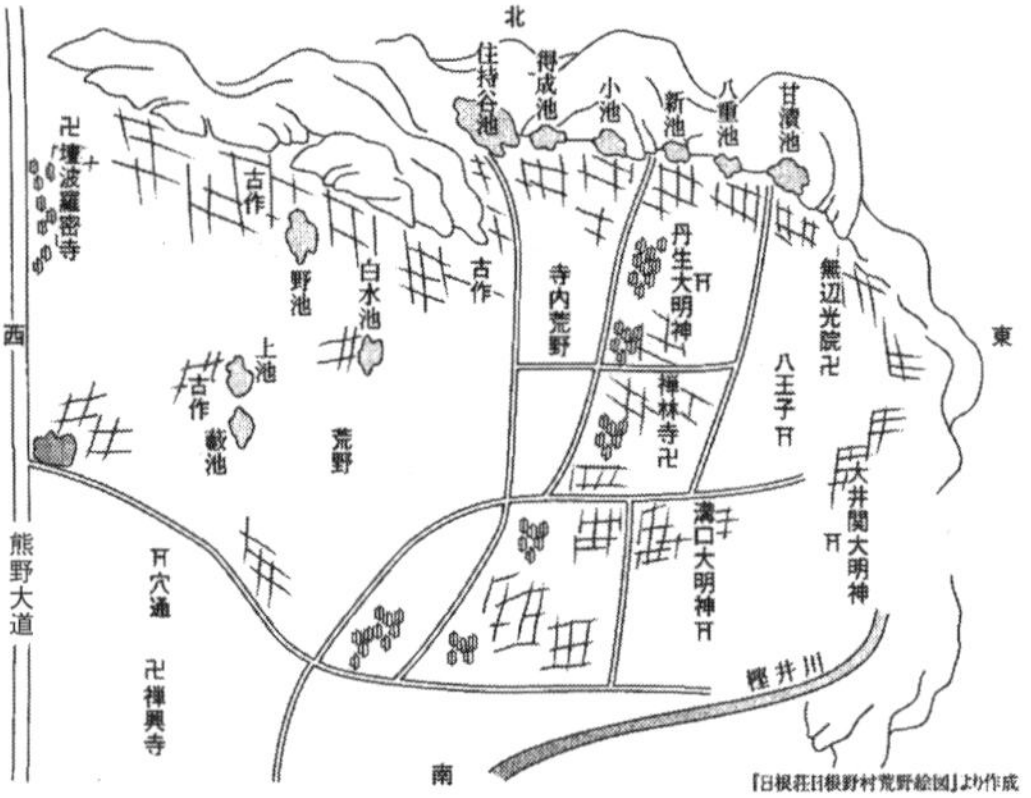

『日根荘日根野村荒野絵図』より作成

図B

『日根野村井川用水絵図』より作成

（図ＡＢとも，水本邦彦『徳川の国家デザイン』小学館，2008年，131頁より）

（名古屋大 2021年度 一部省略）

農業生産力を高める努力

問題文を読むと、中世は「おおむね寒冷期に属し、農作物を育てるのに苦労の多い時代であった」と書かれていますね。さまざまなデータから過去の気候の変化を研究する、歴史気候学という学問分野では、10世紀から14世紀半ばにかけては世界的に「中世の温暖期」と呼ばれる温暖な気候で、それ以降は19世紀半ばまで「小氷期《しょうひょうき》」と呼ばれる寒冷な時期が続いた、というのが通説となっています。ただし、日本列島だけを取り出してみると、「中世の温暖化」のような時期はなく（そもそもデータがヨーロッパに偏っているため、局地的なものにすぎないとする研究もあります）、寒冷な気候が続いていたようです。中世から近世にかけて厳しい環境に置かれていたことは、飢饉が多発したことからもうかがわれます。

また、古代3・古代4で指摘したように、日本の国土は山がちで、田畑を開ける土地が限られていました。耕地は少なく、寒冷で農作物の育ちも良くない。そうした状況にあって、問題文にあるとおり、中世の人々は「量的、質的に農業生産力を高め、なんとか生き延びようと懸命な努力を重ねていた」のです。

まず、問1では「質的」な面での営為が問われています。中世の、というよりも、現代にいたる日本の農業の特質を端的に表す言葉が、集約化と多角化です。肥料を投入するなどして生産性を上げ、また、米以外にもさまざまな作物を栽培する。そうすることで、狭い耕地、寒冷な気候という厳しい条件の下で、少しでも農業生産力を高める工夫をしてきたのです。

その実例として、二毛作が指摘できます。鎌倉時代には、田で裏作として麦を栽培する二毛作が、畿内・西日本に普及し、室町時代には東日本にも広がっていきました。これが多角化に当たることは言うまでもないでしょう。一方で、泥んこの湿田では麦は栽培できません。乾田化し、灌漑施設を整備して水を引いてくる必要があります。また、年に2つの作物を育てれば土地が痩せてしまいますので、肥料も必要でした。中世には、草葉を地中に敷き込み、腐らせて堆肥とする刈敷《かりしき》や、草木を燃やした灰を肥料とする草木灰《そうもくばい》などの自給肥料が用いられました。手間暇をかける、集約化です。このように、集約化と多角化は別々のものではなく、連動していることが分かります。

さて、問1の史料は二毛作に関して鎌倉幕府が出した命令です。「諸国の百姓、田稲を苅り取るの後、其の跡に麦を蒔き、田麦と号す」と、二毛作が行われている状況が述べられていますね。領主は、裏作の麦からも税（所当）を取っていると言います。しかし、租税の法では認められません。そこで、「自今以後、田麦の所当を取るべからず」と麦からの徴税を禁止し、因幡《いなば》国（現在の鳥取県）の守護であった長井泰重に対して、国内の御家人に伝えるよう命じたのがこの史料です。幕府が農民の努力を無駄にしない善政（「徳政」と呼ばれました）を行おうとしていたことが読み取れます。

生活空間の外部に広がる「荒野」

続いて問2では、農業生産力を高めるための「量的」な面での営為、つまり、農地の開発が問われています。鎌倉時代末期に当たる図Aと、江戸時代中期に当たる図Bを比較しながら考えていきましょう。

まずⓐでは、図Aの主題が問われています。図Bの主題については、設問文に「毛細血管のようにはりめぐらされた用水で、絵図を作成した人々の関心事は農業に必要な取水だと考えられる」とあります。図Bを見ると、たしかに用水とため池が多数描かれていますね。また、問題文には「用水にそって、田畠が全面的に展開していたものと考えられる」

とあります。「農業に必要な取水」こそが関心事であったと言えるでしょう。

これに対して、図Aには用水が描かれていません。また、空白の部分が目立ち、「荒野《あれの》」の語も見られます。ここから、格子状に線が引かれた部分のみが田畠で、大部分が未墾地として残されていたと推理できるでしょう。鎌倉時代末期の段階では、農地開発がまだ進んでいなかったわけです。だとすれば、図Aの主題は、田畠と荒野の所在を明確にすることであったと考えられます。

他に図Aと図Bの違いはないでしょうか？　まず、家屋の数に違いが見られます。図Bでは10数軒規模の集落がいくつか見られるのに対し、図Aでは4〜5軒程度の集落が点在するだけです。村の人口もまだ少なかったことが分かります。

また、図Aでは空白部が多いこともあって寺社の記載が目立ちます。数えてみると、図Aでは神社が5、寺が4で計9、図Bでは神社が2、寺が3で計5です。中世の農村では南北朝期以降、自治的な惣村《そうそん》が形成されますが、村民らの結束の核となったのは、神社の祭礼を行う宮座《みやざ》でした。寺社が村の生活の中心にあったのです。

以上の点を踏まえると、図Aには、生活空間である田畠・集落・寺社と、その外部にある荒野を区分する意図があったとは、考えられないでしょうか。それは、今後「荒野」の開発を進めるうえでも、必要なことでした。

農地の開発が進んだのは近世

続いてⓑは、ⓐで見た景観の違いがみられる政治的・社会的な背景が問われています。図Aに見られるとおり、鎌倉時代末期の段階では、未墾地が広がっている状態でした。それは、図Bと比較すれば、用水路を整備する技術がなかったことによると考えられます。あるいはここに、時代は下りますが、中世は南北朝の動乱、応仁の乱後に突入した戦国の世など、戦乱続きであったことも要因として加えられるでしょう。寺社を中心に自治的な村落を結成して自衛を図ることが主で、農地開発まで手が回らなかったのです。

こうした中世の状況は、近世と対比することでより明確になります。近世には、大坂の役によって天下泰平の世が訪れると（近世1で後述）、幕府や藩、さらには江戸・大坂の豪商の手によって、大規模な新田開発が進められました。その際に転用されたのが、戦国時代に培われた鉱山開発の技術や軍事技術です。これらを活かして治水を行うことによって、下流の平野部の開発も可能となりました。

日本の河川は流れが急で、台風が直撃すればたちまち氾濫をおこします。ですから、中世までは中流の小高い台地上に田畠を開くのみでした。それが、武田信玄が築いた信玄堤が知られるように、治水が行われ、近世以降、平野部も開発されるようになります。新幹線の車窓に広がる、あたり一面の稲穂の波という風景は、近世に作り出されたものなのです。

図Bに見られるとおり、村内でも農民の手で用水路が整備され、荒野が開墾されていきました。その結果、江戸幕府が開かれた17世紀初めから、享保の改革が行われた18世紀前半の約１００年で、耕地面積は１６４万町歩《ちょうぶ》から２９７万町歩の約2倍となっています。

最後に、ⓒの図Bが描かれた目的について考えましょう。先に見たとおり、図Bの主題は「用水」であり、村民の関心事は「農業に必要な取水」にありました。では、なぜ「取水」が関心事となったのでしょうか？　いつの時代も、水利は農民の争いの火種となります。まして、荒野が開発され、「用水にそって、田畠が全面的に展開していた」近世の状況ではなおさらです。そこで、用水をめぐる隣村との紛争に備えて、ため池と用水路の位置を地図上で明示したと考えられます。裁判となった場合の証拠書類としてこの絵図を作成したのです。

【解答例】

問1　史料では畿内を中心に始まった麦を裏作とする二毛作について記されており、麦からの年貢の徴収を禁止する旨、国内の御家人に伝えるよう長井泰重に命じている。

問2

ⓐ　田畠・集落・寺社の所在地を主題に、荒野との区分が際立つように描かれている。

ⓑ　治水技術の発達などを背景に幕藩の下で新田開発が進められた近世と異なり、中世の段階では用水路などが整備されておらず、寺社を中心に村落が形成されるのみであった。

ⓒ　用水をめぐる隣村との紛争に備えて、ため池と用水路の位置を地図上で明示した。

これからの歴史教育

文部科学省が作成した「高等学校学習指導要領解説」では、新設された「日本史探究」の目標として、次のことが掲げられています。

「我が国の歴史の展開に関わる事象の意味や意義、伝統と文化の特色などを、時期や年代、推移、比較、相互の関連や現在とのつながりなどに着目して、概念などを活用して多面的・多角的に考察したり、歴史に見られる課題を把握し解決を視野に入れて構想したりする力や、考察、構想したことを効果的に説明したり、それらを基に議論したりする力を養う。」

これは、本問の冒頭で示した新学習指導要領の3つの柱のうち、「思考力・判断力・表現力等」に対応するものです。たんに過去の出来事を知るだけでは、歴史から何も学んだことにはなりません。史料を踏まえてそのような出来事がなぜ起こったのかを考え、他の時代や社会と比較することでどのような特徴があるのかを捉える。そのようにして初めて、歴史をわがこととして理解し、今を生きる糧とすることができます。

その意味で、本問は新学習指導要領に合致した問題であったと言えるでしょう。中世と近世の2つの絵図の比較を通して、農村や農地開発のあり方が見えてきました。そして、そうした先人の営為は、生産性の向上や「六次産業化」といった現代の農業の課題に対しても資するものでしょう。その道の専門家である大学の先生が作成された入試問題は、教える者にとっても学ぶ者にとっても、行き先を示す羅針盤となるのです。

中世4

貴族の文化から民衆の文化へ

文化史を教えることの難しさ

筆者はかれこれ25年近く予備校や高校の教壇に立っていますが、文化史で満足のいく授業をしたという記憶がありません。毎年のように、ここはこう説明しようとか、この話もしてみようとか、いといろと工夫をしてみますが、生徒の微妙な顔を見ては、反省しきりです。文化史に関する知識は増えているのに、いや、増えれば増えるほど、より難しく感じられます。

文化史の授業が難しい理由の一つめは、10代後半の生徒は仏像や美術作品にあまり（全然）興味がない、ということです。読者の皆さんにも、歳を重ねてから面白味が分かってきたという方は多いと思います。そこで、無理にでも関心を引こうと、手を替え品を替え話をするわけですが、かえってどツボにはまって、収拾がつかなくなるのです。

そして、文化史の授業が難しい理由の二つめは、こちらの方がより本質的ですが、ある一つの文化が成立した背景には、政治・経済・社会・対外関係といったさまざまな要因が重なり合っており、それらを総合的に捉えない限り、その文化を本当に理解したとは言えない、ということです。

例えば、赤ん坊のようなふっくらとした顔立ちの、興福寺《こうふくじ》仏頭《ぶつとう》を教科書などで見た記憶があると思います。大化の改新では右大臣として中大兄皇子《なかのおおえのみこ》らを支えながらも、後に逐《お》われて自死した蘇我倉山田石川麻呂《そがのくらやまだのいしかわまろ》を弔うために造られたものです。もとは山田寺の本尊でしたが、鎌倉幕府成立期の12世紀末に興福寺に奪取され、室町時代の15世紀初めに雷に打たれ頭部だけ残るという数奇な運命をたどります。頭だけで高さ98・3㎝ありますから、実際はとても大きかったのでしょう。日中戦争が始まった1937年に、興福寺の修築中に台座の中から発見されました。その若々しい表情は、7世紀後半の中央集権国家建設期（古代3参照）に形成された白鳳《はくほう》文化の、清新さという特徴をよく表しており、それは、遣唐使によって伝えられた初唐文化の影響を受けたものでもあります。

このように、仏像一つとってもそこにはさまざまな要素が絡み合っています。それを分かるように説明するのは骨の折れる作業です。その時代の政治・社会の状況や、国際情勢などを踏まえて、初めて文化の成り立ちや特徴について理解できるのですから。

ですが、これを裏返せば、文化史には歴史のエッセンスが凝縮されていると言えるでしょう。諸分野を総合して文化の全体像をつかむのは、難しいですが知的好奇心をくすぐる営みです。そこで、次の京大の問題を通して、古代から中世にかけての文化史を概観したいと思います。

【問題】

院政期から鎌倉時代にかけての宗教・文化の受容層の広がりについて、具体例をあげて述べよ（200字以内）。

（京都大　2023年度）

漢字が国家形成に果たした役割

日本文化の形成において最も欠かせない要素が、外来文化の受容です。中国への遣使や、朝鮮半島への進出、また、渡来人の来日を通して伝えられた東アジア（なかんずく中国）

の文化が、日本の風土や社会に合うようにアレンジがほどこされ、この国の文化は形成されてきました。

弥生時代までさかのぼれば、稲作の伝来がクニ（小国家）の形成を促し（古代1参照）、中国皇帝から与えられた爵位や金属器が支配者の権威となった（古代2参照）ように、中国文化は日本文化のみならず、国家の形成にも大きな役割を果たしてきました。中でも重要だったのが、漢字です。遣使にあたっては漢字で書かれた上表文や国書が必要とされましたし、国内の統治にも文書の作成が欠かせませんでした。

文字は国家形成において重要な意味を持ちます。それは、支配者が「目の届かないところ」にも自らの命令をいき渡らせるということです。中国皇帝が、あの広大な中国の大地を、肉声だけで統治するというのは絶対に無理でしょう。自らの命令を、正確かつ一律に伝えるためには、文字で書かれた文書が必要です。

5世紀以降、支配領域を関東地方から九州地方北部まで広げたヤマト政権においても、事情は同様でした。ワカタケル大王が地方の豪族にプレゼントした、稲荷山古墳（埼玉県）出土鉄剣と、江田船山古墳（熊本県）出土鉄刀にも、その由来が刻まれていましたね（古代1参照）。中国から伝わった漢字を身に帯びている、そのこと自体が、大王の権威づけになっていたかもしれません。ヤマト政権は、渡来人を史部《ふひとべ》に組織して、文書の作成に当たらせていました。

時代はくだり、8世紀以降の律令国家においては、文書による統治が徹底されます。律令制下では、地方は国《こく》・郡《ぐん》・里《り》（のちに郷《ごう》に改称）に区分され、都から派遣された国司に、在地の豪族から任命された郡司が協力する形で支配が行われましたが、都と、国司が拠点とした国府（国衙《こくが》）、さらには郡司が拠点とした郡家《ぐうけ》（郡衙《ぐんが》）とは、木簡に書かれた文書でやり取りをしました。

教科書にも、「郡家の遺跡からも木簡・墨書《ぼくしょ》土器などの文字資料が出土し、律令制の文書主義にもとづき漢字文化が地方にも展開した様子が知られる」（山川出版社『詳説日本史』）と記述されています（墨書土器とは土器の表面に文字や記号が墨書きされたもので、所有者や用途を知るうえで貴重な文字資料です）。このように、行政支配に利用される中で、漢字文化は日本社会に定着していったのです。

唐風文化の影響を受けながら、国風文化は成立した

さて、7~9世紀には遣隋使・遣唐使を通じてさまざまな文物が日本に伝わりましたが、

もたらされたのは中国のものだけではありません。例えば、厩戸王が建立した法隆寺（斑鳩寺《いかるがでら》）の金堂や歩廊の柱には、ギリシア由来の、中央部にふくらみをもたせたエンタシスの技法が見られます。また、奈良時代の聖武天皇の遺愛の品や大仏開眼に関わる品を集めた正倉院宝物《しょうそういんほうもつ》には、表面にラクダに乗った人物が描かれた螺鈿紫檀五絃琵琶《らでんしたんのごげんびわ》や、鳥の頭の形をしたペルシア風の漆胡瓶《しっこへい》のように、シルクロードを通って西方からもたらされたものもあります。古代の日本文化は国際性豊かだったのです。

とはいえ、最も影響を受けたのは中国の文化であり、とりわけ、8世紀末から9世紀前半の平安初期には、国家の威厳を飾るために、唐風文化が積極的に導入されました。それは、令外官《りょうげのかん》の設置や格式《きゃくしき》の編纂により日本型律令制が完成に向かう（古代3参照）のと平行したものです。その先陣を切った嵯峨天皇は、最初の勅撰漢詩文集である『凌雲集《りょううんしゅう》』の編纂を命じるとともに、平安宮の諸門や建物の名称を唐風に改めたり、宮廷の儀式を唐風のものに改めたりしました。また、嵯峨天皇自身は、空海・橘逸勢《たちばなのはやなり》とならぶ唐風の書道の名手（三筆）としても知られています。

その結果、9世紀の平安前期には、唐風に彩られた弘仁《こうにん》・貞観《じょうがん》文化が開花しました（弘仁・貞観はそれぞれ嵯峨天皇・清和天皇の元号）。この時期には、学問や文芸の発達が国家隆盛の礎になるとする、文章経国《もんじょうけいこく》思想が貴族の間に浸透しています。たんに受け入れて鑑賞するだけではなく、自ら漢詩文を作ることが貴族にとって必須の教養となったのです。

　そして、このような唐風文化に対する造詣の深まりの中から、10〜11世紀の平安中期には、国風文化が生み出されます。

　こう書くと、「国風文化は菅原道真の建議により８９４年に遣唐使が停止され、唐の影響を受けなくなったことで成立したのではないか」と思われる方もいらっしゃるでしょう。しかし、事情はそう単純ではありません。遣唐使の停止後ほどなく９０７年に唐は滅亡し、五代十国の興亡をへて、９６０年に成立した宋が統一しますが、その間にも僧侶が留学を果たすなど私的な交流は活発化しており、また、宋から商人も来日して、彼らがもたらした陶磁器や薬品を貴族たちは「唐物《からもの》」と呼んで珍重しました。国風文化は中国の文化の影響を受けながら成立したのです。

　このような状況を、どのように捉えればよいのでしょうか？　教科書には、「それまでに受け入れられた大陸文化をふまえ、これに日本人の人情・嗜好を加味し、さらに日本の風土にあうように工夫した、優雅で洗練された文化が生まれてきた」（山川出版社『詳説日本史』）と記述されています。

唐風文化（大陸文化）の受容は、模倣から始まります。律令も都城も隋・唐がモデルでしたし、弘仁・貞観文化は言ってみれば「完コピ」を目指すものでした。しかし、真の創造は模倣を超えたところにあります。唐風文化を深く理解し、消化・吸収した上に、国風文化は開花しました。漢字から生み出されたかな文字によって、日本的な細やかな心情や四季の移り変わりを描くことができるようになったのです。

「蕃神」としての仏教

漢字とならんで日本文化の形成に大きな影響を与えた外来の文化は、仏教です。とりわけ古代の文化は仏教文化として形成されたと言っても過言ではありません。そこで、古代仏教史についても概観しておきましょう。

中国・朝鮮半島を経由して仏教が伝わったのは、6世紀のことです。初めは渡来人によって私的に信仰されていましたが、6世紀半ばには、ヤマト政権と関わりの深かった百済《くだら》の聖明王《せいめいおう》から欽明天皇（大王）朝に正式に伝えられます（仏教公伝）。崇仏派の蘇我氏と排仏派の物部氏との間で政争の具とされましたが（崇仏論争）、やがて病気平癒や戦勝を祈願する「蕃神《あだしくにのかみ》」として受容されていきました。

こうして、6世紀末から7世紀初頭には、日本初の仏教文化である飛鳥文化が花開きます。豪族らは、蘇我馬子が建立した飛鳥寺《あすかでら》（法興寺・元興寺《がんごうじ》）をはじめとして、古墳に代わる権威の象徴として競って氏寺《うじでら》を建立しました（終末期にあたる6世紀末から7世紀初頭に前方後円墳の築造が停止されたことは、古代1参照）。

ところで、仏教は本来、苦しみの原因となる煩悩を滅することを目指します。だとすると、病気平癒を願ったり威勢を誇示しようとしたりするのは、変質のように見えるかもしれません。しかし、仏教は人々の願いをかなえるという形でこの国の風土に根づいたとも言えるでしょう。一方で、厩戸王は仏教の本質を理解し、「世間虚仮《せけんこけ》、唯仏是真《ゆいぶつぜしん》（この世のすべてのものは仮りそめで虚しく、仏のみが真実である）」という言葉を残しています。そうした点が後世に「聖徳太子」と称されたゆえんですし、奈良時代になると遣唐使によって経典がもたらされ、教義研究が発達することになります。

8世紀の奈良時代は、相次ぐ政争や疫病の発生により、社会不安が高まっていた時期です。そうした中で、聖武天皇は仏教の力で国家の安泰を図る鎮護国家の思想に基づき、国分寺の建立や大仏（盧遮那仏《るしゃなぶつ》）の造立を発願《ほつがん》しました。豪族らによる仏教（氏族仏教）から朝廷による仏教（国家仏教）へ、主体が移行したのです。

しかし、それは仏教が朝廷の厳しい統制下に置かれることも意味します。僧侶は寺院にこもって学問と修行に努めることとされ、民衆への布教は禁止されました。こうした締めつけに反発し、民衆への布教を行ったのが行基《ぎょうき》です。行基は初め朝廷から弾圧を受けましたが、後に大仏造立の事業に弟子たちを率いて協力し、仏教界最高位の大僧正《だいそうじょう》まで上りつめました。大乗仏教では一切衆生《いっさいしゅじょう》（生きとし生けるもの）の救済を目指す菩薩を理想としますが、行基の生涯はまさに菩薩そのものであったと言えるでしょう。

民衆に広がる浄土教

平安時代に入ると、はじめ密教、ついで浄土教という中国から伝わった新しい仏教のスタイルが流行しました。

9世紀前半の平安初期に、遣唐使で渡った空海や最澄、さらには最澄の弟子である円仁・円珍らによって伝えられたのが密教です。奈良時代の仏教は、経典を読んで仏の教えの理解に努めるもので、これを顕教《けんぎょう》と言います。これに対して、密教では秘密の呪法を用い、宇宙の根本仏である大日如来《だいにちにょらい》の言葉（真言《しんごん》）を直接体得することを目指します。大日如来は人知を超えていますので、真言を頭で理解することはできません。そこで、秘密の呪法で直接体得しようとするのです。

真言を体得できれば、何しろ大日如来は宇宙の根本仏ですので、この身そのままで仏となり（即身成仏《そくしんじょうぶつ》）、すべての願いをかなえることができます。それゆえ、密教は栄達などを求める貴族の間で流行するとともに、鎮護国家の役割を果たしました。嵯峨天皇から空海に勅賜された平安京内の東寺《とうじ》（教王護国寺《きょうおうごこくじ》）は、密教の根本道場となります。

ついで、摂関政治の時代にあたる10世紀の平安中期以降に流行したのが浄土教です。浄土とはもちろんあの世のこと。浄土教では、南無阿弥陀仏と念仏を唱えれば、阿弥陀仏のはからいにより極楽浄土に往生できると説かれました。密教が現世利益《げんぜりやく》を求めるものであるのに対し、浄土教は来世での利益を求めるものであると対比できます。

なぜあの世への往生が求められたのか？　そこには、疫病で亡くなった人の亡骸が放置され、盗賊や不審火も横行する平安京内の状況がありました。それは、仏教の説く末法《まっぽう》の世（教えのみが残され、悟りも修行も失われた世）そのものでした。平安時代当時、１０５２年には末法の世に突入すると言われていました。こうした中で、現世での希望が失われ、来世での救済が求められたのです。

末法の世に突入した翌１０５３年、藤原頼通《よりみち》が宇治に建立したのが平等院鳳凰堂です。

鳳凰が翼を広げたようなつくりや、前面に清らかな水をたたえた池は、極楽浄土を表現したものでした。このように、貴族らは阿弥陀堂の建立に励みました。

それとともに、聖《ひじり》と呼ばれる僧侶が京の市中で積極的に布教を行ったことにより、民衆にも浸透したことが、浄土教の大きな特徴です。代表的な聖である空也《くうや》は、無縁の亡骸を火葬しながら浄土の教えを説いて回ったので、市聖《いちのひじり》と呼ばれます。また、はじめ比叡山で修行していた源信《げんしん》は、民衆を救おうと決意し、『往生要集《おうじょうようしゅう》』を著して念仏による極楽往生の方法を平易に説きました。こうして、支配層（貴族）から民衆へと仏教の担い手が一気に広がったのです。

鎌倉仏教が流行した理由

いま「担い手」という言葉を用いましたが、本問の問題文にも「受容層」とあります。古代仏教の展開からも分かるとおり、文化史においては、どのような階層がその文化を担っているのかということが重要です。ここからは、問われている「院政期から鎌倉時代にかけての宗教・文化の受容層の広がり」に沿って説明していきましょう。

摂関政治の時代に京中の民衆に受容された浄土教は、院政の時代にあたる11〜12世紀の平安後期になると、聖の活動などにより、地方へと波及します。その担い手となったのは、各地で成長を遂げる武士でした。例えば、平泉（岩手県）の中尊寺金色堂は、奥州藤原氏の力を示しています。こうして、京から地方へ、民衆から武士へと仏教の受容層は広がり、鎌倉仏教の流行の素地が作られていきました。

さて、鎌倉時代には、浄土宗の法然、曹洞宗の道元など、新しい宗派の開祖が続々と現れ、武士や民衆に支持されましたが、このように鎌倉仏教が流行した背景には何があったのでしょうか？　教科書を読むと、「仏教では、それまでの祈禱や学問中心のものから、内面的な深まりをもちつつ、庶民など広い階層を対象とする新しい教えへの変化が始まった」（山川出版社『詳説日本史』）と記述されています。

注目してほしいのは「内面的な深まり」という言葉です。鎌倉時代は、源平の争乱から始まり、承久の乱、そして二度にわたる蒙古襲来と戦乱続きの時代であり、そうした中で人々は死と背中合わせで生きていました。さらに言えば、戦場に駆り出された武士は、殺されたくなかったら、敵を殺さなくてはなりません。そうした罪の意識をもった武士や、死の不安を抱いた民衆は、心から救いを求めていたのです。

例えば、『平家物語』に描かれる熊谷直実《くまがいなおざね》は、わが子と同い年の平敦盛《たいらのあつもり》との一騎打ちに際して、「武芸の家に生れずは、何とてかかるうき目をばみるべき（武芸の家に生まれなかったならば、どうしてこんな辛い目に遭っただろうか）」と涙ながらに首をとり、戦が終わってすぐに出家しています。

このように内面的な救いを求める武士・民衆に対し、鎌倉仏教の開祖たちは、日常生活において実践できる平易な教えを説きました。鎌倉仏教の特徴は、専修《せんじゅ》・選択《せんちゃく》・易行《いぎょう》の3つの語で表されます。念仏であれ坐禅であれ修行方法を選び取り、それに専念する。これならば、武士や民衆も毎日できるでしょう。加えて、鎌倉仏教の開祖たちは、病人の救済や道路の整備などの社会事業にも力を入れました。こうして、救いを求める者たちに、適切な方法で手を差し伸べることで、鎌倉仏教は支持を得たのです。

現代につながる民族文化の形成

仏教の受容層が貴族から武士・民衆に広がったのと同様に、文化の担い手としても武士や民衆が台頭します。

院政期には、民衆の間で行われていた田楽《でんがく》・猿楽《さるがく》などの芸能に、貴族たちが興味を示しました。田楽は田植え時に豊作を祈願して行った歌と踊り、猿楽は物まねや軽業を中心とした芸で、能の起源となるものです（後述）。また、後白河上皇は民衆の間で流行していた歌謡である今様を集成して、『梁塵秘抄《りょうじんひしょう》』を編纂させました。貴族が民衆の文化を評価して、貪欲に取り入れようとしていた姿勢が見受けられます。

鎌倉時代には、貴族の専売特許であった学問や歴史に対する関心を、武士たちがもつようになります。合議によって政務を進めていく（中世2参照）うえで、そうした素養が必要となったからです。北条氏一門の金沢実時《かねさわさねとき》が和漢の書物を集めて金沢《かねさわ》文庫を開くなど、朝廷の儀式や先例を研究する有職故実《ゆうそくこじつ》を武士たちも学びました。また、『平家物語』が琵琶法師の弾き語る平曲《へいきょく》で広まるなど、文字を読めない民衆も文学に親しむようになりました。

こうして見ると、院政期から鎌倉時代にかけての文化のキーワードは、「交流」であると言えるでしょう。ここからは問題のその先ということになりますが、室町時代には「交流」からさらに「融合」へと進み、現代につながる民族文化が形成されていきます。

例えば、民衆による田楽・猿楽から生まれた能（猿楽能）は、観阿弥・世阿弥父子の手により、3代将軍・足利義満の庇護も受けながら、芸術的に洗練されていきました。また、京都の町衆たちの娯楽として行われていた喫茶の風習には、禅の精神が取り入れられ、侘

図9　慈照寺東求堂同仁斎

出典：『詳説日本史』（山川出版社）

び茶が創始されました（千利休によって大成されます）。また、その侘び茶の影響も受けながら、後述する書院造の床の間を飾ったのが立花《りっか》です。立花は仏前に供える供花《くげ》に由来すると考えられていますが、室町時代に池坊家により、唐物の器に草花を挿し、自然の姿を表現する様式が確立されました。現代において「伝統文化」と呼ばれるさまざまなものが、室町時代に「融合」から生み出されたことが見て取れるでしょう。

さらに言えば、現代の和風住宅の起源とされる書院造が成立したのも室町時代です。書院造は、貴族の寝殿造を母体に、禅の簡素さなどを取り入れながら、質素な武家屋敷の建築様式として誕生しました。慈照寺《じしょうじ》東求堂《とうぐどう》の一室である同《どう》仁斎《じんさい》は、4畳半の畳に、明《あかり》障子・付書院《つけしょいん》・襖などをそなえ、現代の和室そのものです。このように、「融合」によって生まれた文化を、私たちは今も受け継いでいます。

【解答例】

院政期には貴族の間で民衆の文化に対する関心が高まり、後白河上皇が今様を集成して『梁塵秘抄』を編纂する一方、聖による布教で浄土教が地方の武士や豪農に受容され、中尊寺金色堂などの阿弥陀堂建築が各地に造られた。鎌倉時代には、選択・専修・易行を特徴とする鎌倉仏教が、内面的な救いを求める武士や民衆に広がるとともに、武士は貴族の間で行われていた歴史や学問への関心を高め、民衆も平曲などを通して文学を受容した。（１９９字）

第三部　近世

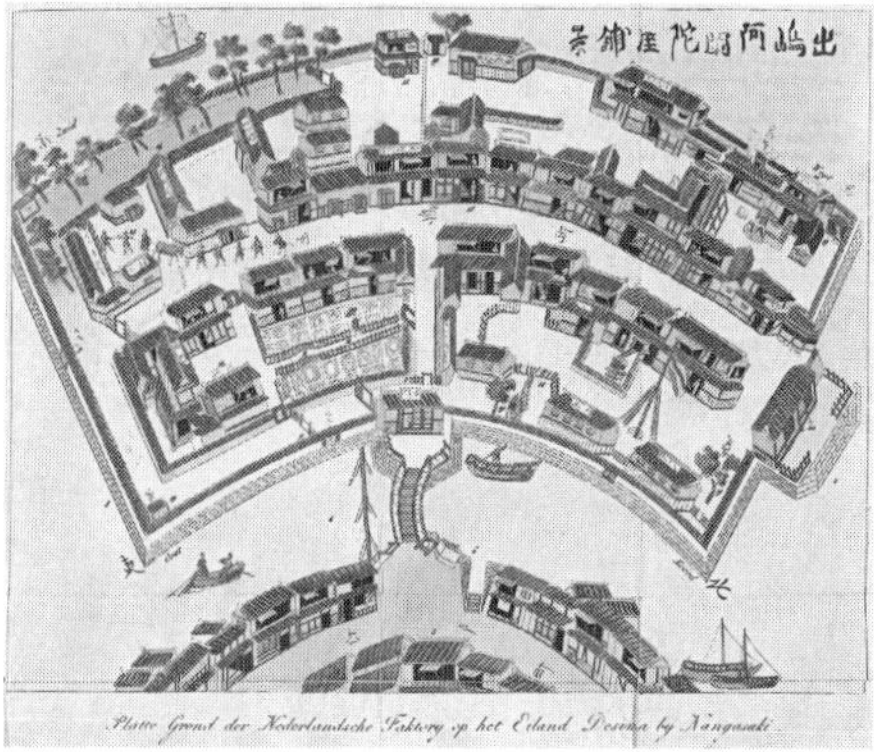
Platte Grond der Nederlandsche Faktory op het Eiland Desima by Nangasaki

出島

近世1

末期養子が禁じられた理由

「流れ」よりも「しくみ」

筆者は、歴史の先生がよく言う「歴史の『流れ』をつかみなさい」という言葉を、授業でも物書きするときも用いません。というよりも、歴史に「流れ」というものがあるかどうかを疑っています。仮に、歴史がおのずから「流れる」ものであるとしたら、果たして歴史に学ぶ意味はあるでしょうか？

その時代を生きている当事者にとっては、「流れ」に身を任せているだけだとしても、後の世から見れば、そこにはさまざまな史実が織りなす必然が見出されます。その必然こそが、先人と同様に「流れ」のままに生きている私たち現代人にとって、その「流れ」を客観視するために、歴史から学ぶべきことでしょう。

そこで、そうした歴史的な必然を表わす言葉として筆者が好んで用いているのが、「しくみ」という言葉です。格好つけて言えば「メカニズム」「構造」といった言葉になるのでしょうが、「しくみ」の方が地に足がついているようで、筆者にはしっくりときます。「しくみ」は偶然生まれるものではなく、さまざまな史実が積み重なった必然として形作られます。そして、そのようなものであるからこそ、「しくみ」は現代の社会にも通じ、学ぶべき価値があるのです。

その意味で、論述問題というのは、空欄や正誤問題と異なり「しくみ」そのものを問うことができるという点で優れていますし、大人の学び直しにも適していると思います。

次の大阪大の問題は、末期《まつご》養子の禁という具体的なきまりを通じて、近世社会の「しくみ」を問います。

【問題】

慶安４（１６５１）年、幕府は末期養子の禁を緩めた。末期養子の禁の内容と、この緩和措置がなされた政治的・社会的背景について、具体的に述べなさい（２００字程度）。

（大阪大　2019年度）

中世と近世の違い

近世社会の「しくみ」を理解するには、その前の時代の中世社会の「しくみ」との違いに注目する必要があります。教科書は、織田信長・豊臣秀吉による天下統一をもって近世の始まりとしています（なお、終わりは開国です）。信長・秀吉の出現によって何がどう変わったのか？　まずは、中世社会の「しくみ」を確認しておきましょう。古代4で引用した現行の教科書の記述を、もう一度掲載します。

「こうして院政期には、私的な土地所有が展開して、院や大寺社・武士が独自の権力を形成するなど、広く権力が分散していくことになり、社会を実力で動かそうとする風潮が強まって、中世社会はここに始まった。」（山川出版社『詳説日本史』）

「上から抑えつける力」が弱まったとき、「下からわき上がる力」によってさまざまな新しい勢力が生まれてくる。それが中世という時代でした。律令のような法秩序で守られるということもなくなりますから、自分の身に降りかかった問題は自分の力で解決するしかありません。自力解決こそが中世社会の基本的な「しくみ」だったわけです。

それは、中世には一元的な権力が存在しなかったということと関係します。鎌倉時代は、朝廷と幕府による公武二元支配の状況であり、承久の乱でその力関係が崩れたことが、幕府滅亡の遠因となりました（中世1参照）。公家・武家の一体化を目指した後醍醐天皇の建武政権はわずか3年で空中分解し（中世2参照）、続く室町幕府も応仁の乱（1467〜77）後に権威が失墜して、群雄割拠の戦国時代を迎えます。絶対的な支配者がいない状況ですので、頼るべきは我が身のみだったのです。

そのような権力が分散した状況を打破すべく、天下統一を目指したのが織田信長であり、信長の遺志を継いでそれを実現したのが豊臣秀吉です。秀吉は諸国の平定と平行して、全国の土地の生産力を調査し、石高《こくだか》（米の生産高）で統一的に把握しました（太閤《たいこう》検地）。そして、天下統一を成し遂げた翌1591年、諸大名に対して、国郡別に石高を記録した御前帳《ごぜんちょう》と、諸国を描いた国絵図《くにえず》の提出を命じます。こうして、全国の支配者である自らの立場と、それに臣従する諸大名という関係を明確にしたのです。

秀吉が一元的な権力を握るということは、全ての決定が秀吉に委ねられる、つまり、自力解決が否定されるということも意味しています。秀吉は、大名間で所領紛争が生じている地域に、戦闘の停止と領地確定の秀吉への委任を命じる惣無事令《そうぶじれい》を発しました（なお、最近では全国一律の命令ではなかったとする説が有力であり、惣無事令に言及していない教科書も増えています）。

こうして見ると、一元的な権力が現れて、自力解決が否定されたのが近世社会の「しくみ」であると言えるでしょう。

大名の所領は将軍からの預かり物

この、一元的な支配者の出現という近世社会の「しくみ」を大前提として、江戸時代の支配秩序の骨組みとして築かれたのが、幕藩体制という「しくみ」です。

幕藩体制の根幹にあるのは、将軍と大名の封建的主従関係です。土地を媒介とした武士間の主従関係を、中世ヨーロッパの大土地所有制度（封建制）になぞらえて、封建的主従関係と言います。鎌倉時代においては、将軍と御家人の関係は、将軍が御恩として所領の支配権を保障し（本領安堵《ほんりょうあんど》・新恩給与《しんおんきゅうよ》）、御家人が奉公として軍役を負担するという形で、封建的主従関係で結ばれていました（中世2参照）。江戸時代の将軍と大名の間でも、同じく御恩と奉公による封建的主従関係が成立していたのです。

１６０３年、徳川家康は朝廷から征夷大将軍に任じられ、諸大名に対する指揮権の正統性を得ると、秀吉と同様に国絵図と郷帳《ごうちょう》（村ごとの石高を記した帳簿）の提出を命じました。全国の領主権を握るのは将軍であるということです。そして、これをもとに、将軍が大名に対して知行地《ちぎょうち》を与え、大名はそれに見合った軍役を負担するという形で、将軍と大名は封建的主従関係で結ばれたのです（大名知行制）。

一元的な支配者である将軍が開いた全国政権を、幕府と言います（幕府とはもともと戦地で将軍が幕を張って軍務を行った場所という意味でしたが、源頼朝以来、征夷大将軍に任命された武士の棟梁が開いた全国政権を、幕府と呼ぶようになりました）。一方、大名が将軍から与えられた知行地を支配する組織を、藩と言います。つまり、封建的主従関係を結んだ将軍と大名とが、強力な領主権を握って全国を支配していたわけです。このような江戸時代の支配体制の「しくみ」を、幕藩体制と言います。

さて、ここで注意してほしいのは、大名が支配する藩は大名自身の所領であるように思えますが、全国の土地所有者はあくまでも将軍であるということです。大名は臣下として主君である将軍から知行権（支配権）を認められているにすぎないのです。それゆえ、多くの高校生が使用する山川出版社『日本史用語集』で「大名知行制」の項目を引くと、「太閤検地以後、大名の領地は、公儀（政府・幕府の意）と呼ばれる秀吉や徳川将軍家から知行地として一時預かったものとされた」と説明されています。大名の所領は将軍からの一時的な預かり物であるというのが、幕藩体制の根っこにある理念だったのです。

だからこそ、幕府は大名の領地替え（転封《てんぽう》）を行うことも可能でした。将軍が大名に与えたのは、知行地そのものではなく、土地の生産力を米の生産高に換算した石高です。ですから、前田家は「加賀百万石」と言ってもその所領が加賀である必要はありません（ちなみにもう少し正確に言うと約１０３万石です）。臣従する立場の大名をどこに配置するかは、主君である将軍の自由裁量だったのです。こうして、17世紀前半には幕府の支配体制の強化のため頻繁に領地替えが行われました。

将軍と大名は封建的主従関係で結ばれており、大名の所領は将軍からの一時的な預かり物にすぎない。この「しくみ」を押さえていると、幕府が末期養子の禁を定めていた理由も見えてきます。

参勤交代は平時の軍役

ですが、問題に入る前に、将軍と大名の封建的主従関係に関連して、もう一つ説明を加えておきましょう。将軍から知行地を与えられた大名は、それに見合った軍役を負担すると言いました。御恩に対する奉公です。しかし、江戸時代には、鎌倉時代の「いざ鎌倉」のように、戦に馳せ参じるという場面がありませんでした。

　江戸幕府が開かれた後も、全国支配の障害として残っていたのが、豊臣氏の勢力です。秀吉の子・豊臣秀頼《ひでより》は、畿内60万石の大名として大坂城に居を構えていました。そこで、家康は１６１４～15年、二度にわたってこれを攻め（大坂冬の陣・大坂夏の陣）、豊臣氏を滅ぼしました。これにより、応仁の乱から始まった戦国の世は終わりを告げたのです。これを、武器を伏せ収めるという意味で、「元和《げんな》偃武《えんぶ》」と言います（「元和」は１６１５年に「慶長」から改められた元号です）。

　ですので、それ以降、天下泰平の世が訪れた江戸時代に大きな戦乱はなく、大名が武力をもって将軍に奉公する場面もありませんでした。大名には、一定の兵馬の常備が命じられ、江戸城の修築など幕府が実施する土木工事の負担（御手伝い普請《ぶしん》）が課せられましたが、御恩に対する奉公として明確に位置づけられるものが必要とされました。

　そこで、平時における軍役として制度化されたのが、参勤交代でした。参勤交代は、大名が一年交代で江戸と国元を往復することを義務づけたもので、大名の妻子には江戸への居住が命じられました（証人制度）。戦国時代に大名が反乱を防止するため、家臣に本城への勤仕と人質の差出を義務づけたことに由来するものでしたが、幕府はこれを3代将軍・徳川家光による武家諸法度寛永令（１６３５）で制度化し、幕藩体制の根幹に位置づけたのです。一年おきに大名が江戸に参府して将軍に謁見する。それは、将軍と大名の封建的主従関係を確認する、重要な儀式でした。

次問で8代将軍・徳川吉宗の行った享保の改革について扱いますが、享保の改革で行われた政策として、大名に1万石につき１００石の米の上納を命じ、その代償として参勤交代の江戸在府期間を半減する、上げ米令（上げ米の制）をご存じの読者の方も多いかと思います。幕府の財政不足を補うための窮余の一策でしたが、その触書には「御《ご》恥辱《ちじょく》を顧みられず仰せ出され候」という文言が記されています。

主君である将軍が臣下である大名から米を分けてもらうなど、「御恥辱」以外の何物でもありませんでした。また、参勤交代の制度変更は幕藩体制の根幹に関わる問題であり、幕閣からも批判を受けました。それゆえ、１７２２年に出された上げ米令は、年貢増徴などにより財政の見通しのついた１７３１年には廃止されています。

跡継ぎの決定は臣下の務め

それでは、参勤交代にも関わる将軍と大名との封建的主従関係を踏まえて、問題について考えましょう。末期養子とは、跡継ぎのいない大名が死の直前に幕府に養子を願い出ることです。幕府成立当初、大名に対して発した根本法典である武家諸法度において、厳しく禁じられていました。

武家諸法度は、１６１５年に大坂の役で豊臣氏の勢力を一掃した後、すでに将軍の座を降りていたものの、大御所として実権を握っていた徳川家康の命で制定されました。起草したのは、臨済宗の禅僧で、「黒衣の宰相」と呼ばれ家康のブレーンを務めていた金地《こんち》院《いん》崇伝《すうでん》です。諸大名が京都の伏見城に呼び集められて、家康の子である2代将軍・徳川秀忠によって出されました（元和《げんな》令）。その出し方じたいが将軍と大名の関係をよく示していますね。その後も将軍の代替わりごとに発せられています。

この武家諸法度において、特に厳しく取り締まられた条項を二つ、史料で示しましょう。まず、「一　諸国ノ居城《きよじょう》修補ヲ為スト雖《いえど》モ、必ス言上スヘシ。況《いわ》ンヤ新儀ノ構営堅ク停止令《せし》ムル事。」です。これは大名が幕府に無断で居城を修築することを禁じたもので、領国内の居城以外の城をすべて破却することを命じた一国一城令とともに、大名の軍事力を削ぐことを目的としました。もとは秀吉の武将であった福島正則は、１６１９年、台風で損壊した広島城を無断で修築したかどで改易《かいえき》（領地没収）されています。

次に、「一　私ニ婚姻ヲ締《むす》フヘカラサル事。」です。戦国時代には政治的な思惑から大名家どうしの結婚が行われましたが、幕府のあずかり知らないところで連帯することを警戒して、幕府の許可なく大名家どうしで婚姻を結ぶこと（私婚）を禁止しました。

さて、この二つの条項よりもさらに厳しく取り締まられたのが、末期養子の禁でした。初代将軍・家康から3代将軍・家光の間に改易された件数は、関ヶ原の合戦と大坂の役によるものを除くと１０５ですが、そのうちの半数近くの46が、継嗣《けいし》がないことによるお家断絶だったのです。

先に述べたとおり、大名は将軍の臣下であり、大名の所領は将軍からの一時的な預かり物でした。主君である将軍から大切な所領を預かっている以上、相続人を事前に決めて幕府の許可を得ることは、臣下として当然の務めでしょう。嗣子《しし》がいないのに死ぬ間際まで養子縁組をしていないことは、奉公の怠慢とみなされて、改易されたのです。

武断政治から文治政治への転換

しかし、不慮の死もあったでしょうし、相続人を事前に決めていないというだけで50弱

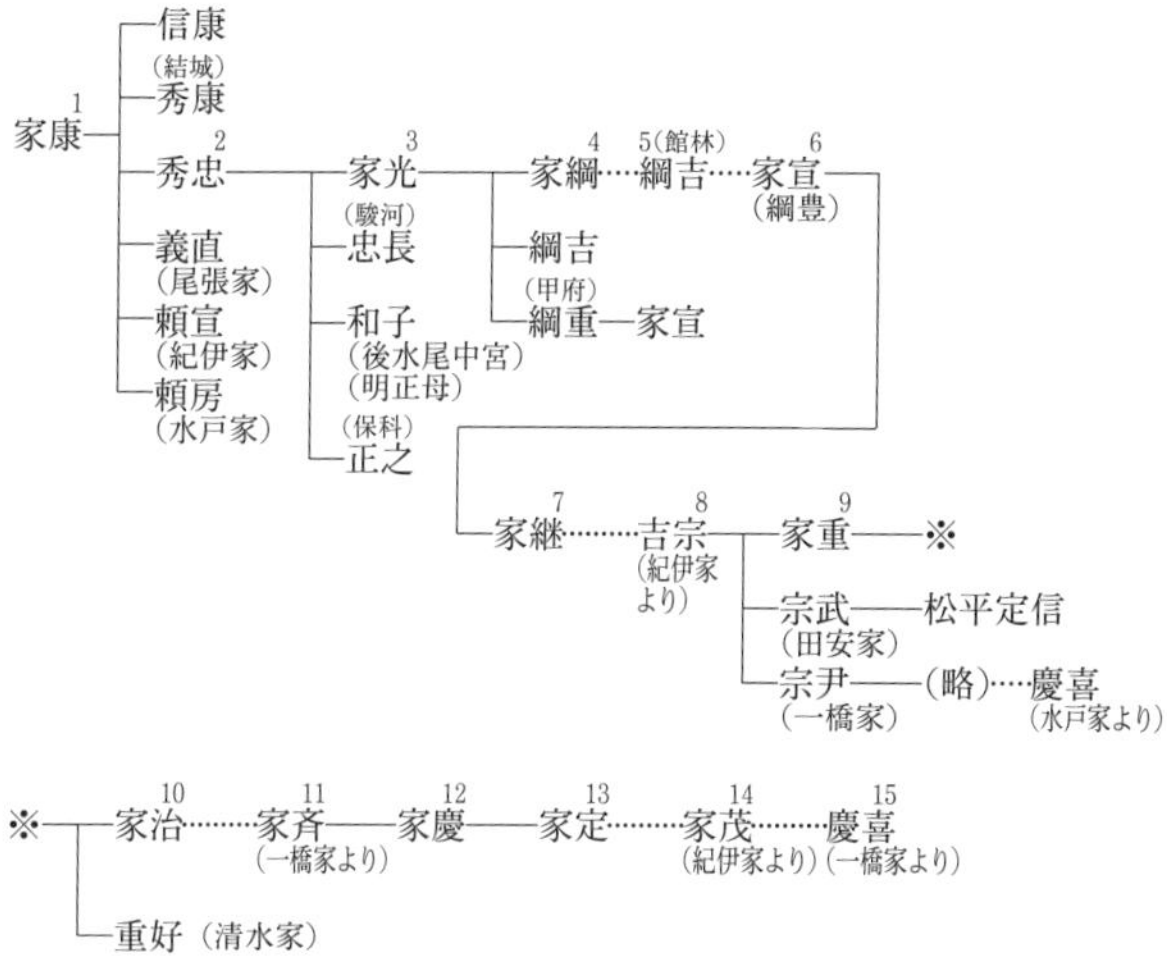

……は、養子関係を示す。数字は、将軍の代数

図10　徳川氏系図

の改易が生じているという状況も、問題でした。江戸や大坂では、改易により主君を失った牢人が増加し、天下泰平の世に満足しないかぶき者の存在とともに、政情不安の種となっていました（ちなみに、「かぶき」は「傾《かぶ》く=勝手な振る舞いをする」という動詞に由来し、「歌舞伎」の語源にもなっています）。

こうした中で、1651年にカリスマ的な存在であった3代将軍・徳川家光が亡くなり、わずか11歳であった家綱が跡を継ぐことが既定路線となると、兵学者の由《ゆ》井正雪《いしょうせつ》が江戸町中の牢人を集めて幕府転覆を企てます（慶安の変）。計画は事前に発覚して事なきを得ましたが、これを契機に幕府の政治路線は大きく転換されていくことになりました。

初代将軍・家康から3代将軍・家光までの間は、幕府の命令に従わない者は厳しく処分する、武断的な手法がとられました（武断政治）。それは、幕府の創業から確固たる支配基盤を築くまでは、必要であったと言えるでしょう。しかし、支配体制が出来上がった後となっては、その弊害が目立ち始めました。改易による牢人の増加はその一つです。

そこで、幼少の4代将軍・家綱を支える叔父で会津藩主の保科正之《ほしなまさゆき》を中心に、儒教的な徳治主義に基づく文治政治への転換が図られました。忠孝や礼儀といった儒教の徳目を重んじることで、出来上がった秩序を維持していく路線にシフトしたのです。

その一環として、末期養子の禁も緩和されます。死ぬ間際まで跡継ぎを決めていなくとも、将軍の徳により寛大に許す。それは、改易による牢人の増加という現実の問題に対する処方箋でした。当初は17～50歳の大名に限定されましたが、家綱の弟にあたる5代将軍・綱吉が発した武家諸法度（天和《てんな》令）では、以下の史料文のとおり幼少および老年の大名にも認められました。

「一　養子は同姓相応の者を撰ひ、若之《もし》無きにおゐては、由緒を正し、存生《ぞんじよう》の内言上致すへし。五拾以上十七以下の輩末期に及び養子致すと雖《いえど》も、吟味の上之を立つへし。縦《たとい》、実子と雖も筋目違いたる儀、之を立つへからさる事。

附《つけたり》、殉死《じゅんし》の儀、弥《いよいよ》制禁せしむる事。」

末期養子の禁の緩和の規定に「附けたり」とされているのは、殉死の禁止です。ここで言う殉死とは、家臣が主君の後を追うこと。戦国の世では主君のために戦で命を捧げることこそが家臣の務めであり、それゆえに平時に主君が亡くなれば家臣は後を追うものとされていましたが、これを禁止することで、主君亡き後は跡継ぎに仕えることが求められるようになったのです。

それは、主君と家臣の主従関係が、個人的なものから、家臣の家は主君の家に代々仕えるという形で、家と家の関係に移行することを意味しています。これにより、家格は固定され、下剋上はあり得ないこととなりました。このように、文治政治は、戦国時代以来の野蛮な風習を一掃しながら、秩序の安定を図っていったのです。

【解答例】

末期養子とは、跡継ぎのいない大名が死の直前に幕府に養子を願い出ることで、相続人の決定は将軍に臣従し所領を預かる大名の務めと考えられていたので、禁止されていた。しかし、改易の主たる原因となり、主君を失った牢人や秩序に従わないかぶき者が町の治安を乱していた。こうした中、将軍家光の死を機に幕府転覆を目論む慶安の変がおこると、幕府は武断政治から文治政治への転換を図り、その一環として末期養子の禁を緩和して改易の増加を防いだ。（２０９字）

「なりゆく」この国の歴史

末期養子の禁が緩和された後も、大名の監察役である大目付《おおめつけ》が当主の生存と養子縁組の意思を確認する手続き（判元見届《はんもとみとどけ》）は行われました。相続人の決定は臣下として当然の務めであるという考えは、将軍と大名の封建的主従関係に関わるものだからです。実際に、養子が認められずに、改易や減封《げんぽう》（領地削減）となった例も見られます。

しかし、むやみに改易を増やすことは、幕藩体制を維持していくうえで好ましいものではありません。そこで、当主が急死したような場合には、「替え玉」を用意したり、幕府への死亡の届け出を遅らせて、その間に継嗣を決定するというようなことも行われました。例えば、１８６０年に桜田門外の変で水戸浪士らに殺害された彦根藩主で大老の井伊《いい》直弼《なおすけ》は、即死であったのにもかかわらず負傷として遺体は藩邸に引き上げられ、１か月ほど後に死が公表されました。幕府もそれまで大老職を免じていませんでしたから、隠密に事を運ぼうとしていたことが分かります。このように、幕府が「お目こぼし」をして、不自然な継嗣の決定を黙認するようなことがありました。

　本問の冒頭で、歴史の学びには「流れ」よりも「しくみ」の理解が重要である旨を述べましたが、この国の歴史を眺めていると、「しくみ」がなし崩しになっていく状況を、どんな時代にも見かけます。古代後期において、対外的危機の緩和と財政難から中央集権体制がなし崩しになったことなどが、これに当たるでしょう（古代4参照）。革命などによって「しくみ」が変えられるのではなく、現実への対応を優先してなし崩しになっていくのです。

　それは、そもそもこの国の「しくみ」が「なりゆく」形で作られてきたことと関係しています。古代の中央集権体制で言えば、白村江の敗北を頂点とする対外的危機の高まりに対処するために、求められたものでした。『古事記』『日本書紀』が描く神がみの世界（記紀神話）では、天地はおのずからなったものと説明されています。この国の歴史も、がんじがらめの「しくみ」ではなく、「なりゆく」ことで展開してきたのです。

ですが、筆者はそれをネガティブには受け止めていません。むしろ、「しくみ」に囚われないからこそ、現実に柔軟に対応できるとも言えるでしょう。続く近世2では享保の改革、さらに近世3では田沼政治という、幕藩体制の「しくみ」が「なりゆく」姿を見ていきたいと思います。

近世２

徳川吉宗が直面した物価問題

江戸幕府の財政はずっと火の車だった

　５代将軍・徳川綱吉の治世である、17世紀後半の元禄時代について、教科書にはこのように記述されています。

「綱吉の時代は、幕府財政も転換期を迎えた。比較的豊かだった佐渡金山などの鉱山での金・銀産出量が減少し、財政は収入減となった。そのうえ前代の明暦《めいれき》の大火後の江戸城と市街の再建費用、引き続く元禄期の寺社造営費用は大きな支出増となり、幕府財政の悪化をまねいた。」（山川出版社『詳説日本史』）

　前問で見た、文治政治が軌道に乗る17世紀後半は、幕府財政が曲がり角を迎える時期でもありました。その後は慢性的な財政難の状況が続きます。江戸幕府は、１６０３年に徳川家康が征夷大将軍に任命されてから、１８６７年に15代将軍・徳川慶喜《よしのぶ》が朝廷に大政奉還を上表するまで、２５０年以上にわたって続きましたが、そのうちの後ろ２００年近くはずっと財政が火の車だったのです。

17世紀後半に幕府が財政難に陥った要因としては、先の教科書の引用にあるとおり、佐渡金山・石見《いわみ》銀山など幕府直轄の鉱山からの金銀の産出量が激減したこと（採りすぎによる資源の枯渇が原因です。この後の近世3や近世4の問題でも出てきますので、頭に入れておいてください）や、１６５７年に発生した、「振袖火事」とも呼ばれる明暦《めいれき》の大火で江戸市中の半分以上が焼失し、その再建に費用がかさんだことなどが指摘されます。また、母である桂昌院《けいしょういん》の影響で仏教に篤く帰依した綱吉が、護持院（後の護国寺）の建立や徳川氏の菩提寺である寛永寺の改築などを行ったことも加えることができるでしょう。

ですが、これは一時的な要因であって、その後も財政難が慢性化したのはなぜでしょうか？　そこには、17世紀後半から始まる経済の発展があり、それが幕府や藩の財政を苦しめたのです。18世紀以降、享保の改革・田沼政治・寛政の改革・天保の改革と、幕府は改革に次ぐ改革を行いますが、それらは経済の大きなうねりに対処するものでした。

果たして、18世紀前半に行われた8代将軍・徳川吉宗による享保の改革についても、教科書には「改革の中心は、まず財政の再建にあった」とあります。吉宗が直面した経済状況は、どのようなものだったのでしょうか？　そして、どのように対処しようとしたのでしょうか？　次の一橋大の問題を通じて考えてみたいと思います。

【問題】

次の文章を読んで、下記の問いに答えよ【筆者注：合計で４００字以内】。

18世紀初頭は、近世社会の大きな転換期であった。商品・貨幣経済の発展と、全国的な交通・物流網の展開は、地域や身分を超えて、すべての人々の生活に大きな変化をもたらし、それへの対応が不可避の政治的課題となった。徳川吉宗による享保の改革は、こうした課題への幕府の取り組みであった。

吉宗は、多方面にわたる改革を実行したが、彼が「米将軍」と呼ばれたことからわかるように、その経済政策の中核的課題は、(1)米価を中心とする物価対策であった。商品・貨幣経済の発展は、必然的に物価・通貨政策の重要性を増大させたのである。

また、この時期、世界有数の巨大都市に成長した(2)江戸の都市政策も、改革の重要な柱であった。さらに、こうした諸施策を円滑に実施するため、吉宗は□を採用して人材登用を行った。

問1　下線部(1)の内容を、当時の物価動向の特徴と関連させて説明せよ。

問2　下線部(2)の内容を、具体的に説明せよ。

問3　□に当てはまる語句は何か。また、その内容を説明し、□が幕府官僚制のあり方に与えた変化についても述べよ。

（一橋大　1999年度）

「米価安の諸色高」の経済状況

問題文でも、「商品・貨幣経済の発展と、全国的な交通・物流網の展開」が、「人々の生活に大きな変化をもたらし、それへの対応が不可避の政治的課題となった」と述べられていますね。享保の改革は、こうした課題に対する取り組みだったわけです。

まず、問1は、「米価を中心とする物価対策」という文言に線が引かれ、それについて「当時の物価動向の特徴」と関連させて説明することが求められています。享保の改革が行われた18世紀初頭の物価動向を端的に示した言葉が、「米価安の諸色《しょしき》高」です。要するに、物価は上がる（諸色高）けれども米価だけは上がらない（米価安）ということ。そして、この状況が幕藩の財政を苦しめていました。

物価の上昇に関しては、経済が発展し、その規模が大きくなっているのですから、当然と言えば当然です。17世紀後半には、江戸・大坂・京都の三都を中心とする全国流通網が形成され、各地の産品が三都に集まるようになりました。大坂は諸藩の蔵屋敷（後述）が建ち並ぶ経済都市「天下の台所」として、江戸は人口100万の消費都市「将軍のお膝《ひざ》元《もと》」として発展を遂げます。そうした状況において民衆の間で木綿・灯油や嗜好品の需要が高まり、物価は上昇傾向を示しました。

しかし、物価は上昇するのに米価だけは低迷します。その最も大きな要因は、皮肉なことに米の増産です。幕藩は、検地帳に登録された本百姓から徴収する年貢を財政基盤としていました。これを本百姓体制と言います。ですから、年貢の増収のため、中世3で見たように新田開発に力を入れました。一方、農民も収入を増やすために開墾を進めるとともに、深耕用の備中鍬《びっちゅうぐわ》や脱穀用の千歯《せんば》扱《こき》など農具を改良して生産性の向上を図りました。こうして米の生産量は確実に増加していきました。

ですが、米は日常の主食ですから、嗜好品のように経済成長とともに需要が高まるということはありません。一人当たりの消費量は変わらないのですから、嗜好品ほど価格が上がるということは考えられないでしょう。さらに言えば、江戸時代の人口は、18世紀初頭に約３０００万人に達してから、それ以降はそれほど増えていません。人口の増加が止まれば、それ以上の消費量の増加は見込めず、市場価格は低迷せざるをえません。

こうして、物価は上がるのに米価だけは上がらない「米価安の諸色高」という物価動向が生じていたわけですが、それが、なぜ幕藩の財政を苦しめたのでしょうか？　収入と支出に分けて考えましょう。支出は物価の上昇とともに当然増加します。一方、収入は本百姓が現物（米）で納める年貢を主としていましたが、米価が低迷しているのですから、支出増に見合った増加は見込めません。

つまり、年貢を財政基盤としている限り、「米価安の諸色高」は必然的に財政の悪化につながるわけで、そこで、吉宗も物価対策に乗り出したのです。

幕府の経済政策の大転換だった株仲間公認

幕藩の財政を苦しめる「米価安の諸色高」の物価動向に対処するために行った政策が、

株仲間と堂島《どうじま》米市場の公認です。実は両者は同種の政策と言えるのですが、今からそれを説明していきましょう。

まず、「株仲間」という言葉は学校の授業などで聞き覚えがあるかと思いますが、そのような言葉が江戸時代の当時にあったわけではありません。正確には、「仲間に株を認めた」ということです。

「株」とは、営業権のこと。現代でも、株式会社の株式を所有していれば、株主総会において会社の意思決定に参画できますね。大相撲の世界では、年寄株を取得しないと部屋を開くことができません。つまり、「株を認める」とは、幕府が営業権を認める、営業を許可するということを意味します。

では、幕府から営業権を認められた「仲間」とは、どのような存在でしょうか？「仲間」とは、三都の問屋《といや》商人たちが結成していた同業者の組織のことです。先に述べたように、17世紀後半には三都を中心とする全国流通網が形成されましたが、各地からの商品の受託や仕入れを独占し、流通を取り仕切っていたのが三都の問屋商人でした。

彼らは、同業者で仲間を結成し、取引上のルール作りやリスク回避のためのシステム構築も自らの手で行いました。代表的な仲間としては、大坂の二十四《にじゅうし》組問屋《くみといや》と江戸の十《と》組問《くみとい》屋《や》が知られます。二十四組問屋は江戸への出荷を担う24の品目別に編成された荷積問屋、十組問屋は大坂からの入荷を担う10の品目別に編成された荷受問屋です。両者は連携して海難事故で生じる損害を補償する制度などを用意しました。

さて、江戸幕府は当初、仲間の結成を認めていませんでした。仲間とは一種のカルテルであり、自由競争が損なわれるからです。戦国時代までさかのぼると、戦国大名は「楽市・楽座」政策を行って城下町の経済的な活性化を図りました。「楽」とは「自由」の意味で、誰でも自由に市場に参加できるようにする、そして、中世の特権的な同業者組合であった「座」も廃止することで、自由な商取引を保障したのです。織田信長が安土城の城下町（安《あ》土山下《づちさんげ》）で発した楽市令は、商人に免税などの優遇措置をとることで誘致を図るという、現代における「経済特区」のようなものでした。江戸幕府は、このような自由競争を促す政策を引き継ぎ、それに逆行する仲間の結成を禁止したのです。

しかし、物価高とそれに伴う支出の増加という状況に直面して、幕府は方針を転換します。仲間に運上《うんじょう》・冥加《みょうが》と呼ばれる営業税を納入させ、その見返りに営業権（株）を認めることにしたのです。その狙いは、流通の掌握と物価の抑制にありました。全国流通網を仕切る三都の問屋商人が結成する仲間を幕府の管理下に置くことで、物価もコントロールしていく。株仲間の公認が１７２４年の物価引下げ令に始まることが、その意図をよく示しています。株仲間の公認は、幕府の経済政策の大きな転換だったのです。

先物取引を行っていた堂島米市場

次に、「米価安」対策として行われたのが堂島米市場の公認です。先に述べたとおり、幕藩は本百姓から徴収する年貢を財政基盤としていましたが、年貢は基本的に現物（米俵）で納められましたから、売買をして換金する必要があります。そこで、人口の集中する三都に蔵屋敷を建て、年貢米を蔵物《くらもの》として送り込んだのです。とりわけ、大坂の堂島川が流れる中之《なかの》島《しま》周辺には、諸藩の蔵屋敷が建ち並びました。

ところで、いま「人口の集中する三都」と述べましたが、江戸は当時世界最大級の１００万都市、大坂や京都も35～40万の人口で、それに次ぐのが金沢の12万人、名古屋の10万人程度でしたから、現代のように大都市圏への人口集中が進んでいました。それゆえ、年貢米に限らず全国の産品は三都に集まったのです。

話を戻しましょう。蔵屋敷に運ばれた年貢米の蔵物は、はじめ豪商の淀屋《よどや》の店先で取引されていましたが、元禄年間の１６９７年、堂島川にせり出すような形で堂島米市場が開

図11　堂島米市場（『浪花名所図会』、大阪府立中之島図書館蔵）

かれます。そして、収穫期だけでなく一年中取引できるように、現物の正米《しょうまい》取引だけでなく、帳合米《ちょうあいまい》取引と言って、その先の収穫を見越した取引も行われるようになりました。つまり、今で言う先物取引が行われていたのです。

　堂島米市場の公認というのは、この帳合米取引に関係します。１７３０年、幕府は堂島米市場においてのみ帳合米取引を許可しました。そして、取引をする米商人に対して米仲買株を認めるとともに、市場を取り締まる米方年行司《こめかたねんぎょうじ》を定めます。要するに、堂島米市場で先物取引できる米商人を会員制とし、年行司の管理下に置くことで、米価の引上げと安定を図ったのです。先ほど株仲間の公認と堂島米市場の公認は同種の政策であると言ったのは、そういうわけです。

こうして、幕府公認となった堂島米市場で形成された米価は、各地の米相場の基準にもなり、飛脚などによって各地に迅速に伝えられていました。日本人のデイトレーダーとしての資質は、江戸時代から鍛えられていたと言えるかもしれません。

組織に流動性を与えた足高の制

問題文の趣旨からして、本問は問1がメインであると考えられますので、残る問2・問3は簡単な解説にとどめましょう。ちなみに一橋大学の日本史の問題は、総字数が400字以内というだけで設問ごとに字数が指定されておらず、その配分は受験生に委ねられています。どの設問が重要かを見抜くことも評価の一つということです。

さて、問2は江戸の都市政策に関する問題です。「将軍のお膝元」江戸は、諸藩の大名屋敷や幕府に仕える旗本・御家人の屋敷が建ち並び、また、それに応じて数多くの商人・職人も集まって、人口100万の消費都市となりました。一方で、人口の過密化にともなって問題となっていたのが、火災の発生と下層民の流入です。冒頭で見たように、明暦の大火では市中の半分以上が焼失しました。また、農村から貧農層が流入して裏長屋《うらながや》に住みつき、防災上・治安上の問題となっていました。

そこで、吉宗は町奉行に大岡忠相《ただすけ》を起用して都市政策に当たらせます。その際、幕府の評定所《ひょうじょうしょ》（幕府の最高司法機関）の門前に目安箱を設けて町人の意見を求めたことは、よく知られているところでしょう。この目安箱に寄せられた意見をもとに行われた防火対策が、町火消「いろは」47組や、広小路《ひろこうじ》・火《ひ》除地《よけち》の設置です。また、幕府の小石川《こいしかわ》薬園内に養生所を設け、貧民に無料で医療を提供しました。

最後に、問３は空欄補充形式で吉宗の行った人材登用政策を問うています。空欄に入る語句は、１７２３年に採用された足高《たしだか》の制です。これは、町奉行・勘定奉行は３０００石、目付は１０００石といったように役職ごとに役高を定め、それ以下の家《か》禄《ろく》の者が就く場合、在職時にのみ不足の役料を支給するという仕組みでした。

実は、江戸幕府にはもともと役職ごとの給与のようなものはありませんでした。武家には家格《かかく》（武家のランク）に応じて、家禄が知行地・俸禄《ほうろく》という形で主君である将軍から支給されていましたが、臣下の勤めとして職務の遂行にともなう必要経費も家禄からまかなうものとされていたのです。当然、重職ほど経費もかさみますから、家禄の少ない者はそうした職に就くことはできません。こうして、家格によって就ける職がほぼ固定されていたのです。

この仕組みは、組織の安定という面では大きな役割を果たしましたが、適材適所で思い切った人事を行うことができません。そこで、足高の制では、役職ごとに役高を定めることで、家格の低い者にも登用の道を開いたのです。また、不足の役料を支払うのは在職時のみで、退任後は元の家禄に戻されましたので、人件費の抑制にもつながりました。足高の制は、人材の登用と人件費の抑制を可能とする、一石二鳥のシステムだったのです。

実は、この足高の制によって登用された一人が、問2で見た江戸の都市政策を主導した大岡忠相です。どんな組織にも、安定性と流動性の両面が必要とされます。時機に応じて改革を行い、新しいものを取り入れていく柔軟さが江戸幕府の強みであり、２００年近くも財政難であったにもかかわらず存続した理由もそこにあると言えるでしょう。

【解答例】

問1　18世紀初めの幕府は、商品経済の発達に伴って物価が上昇し、支出が増加する一方、諸藩が進める新田開発によって米は供給過剰となり、米価は低迷したため、幕藩を支える年貢収入が減少して、財政が悪化していた。そこで享保の改革では、三都の問屋商人を株仲間とすることで流通の掌握と物価の抑制を図るとともに、大坂の堂

島米市場も公認して米価の引上げ・安定を図った。（172字）
問2　吉宗は町奉行に大岡忠相を起用して都市政策に当たらせるとともに、評定所前に目安箱を設置して将軍への直訴を受け付け、民衆から意見を広く求めた。その結果、町火消いろは47組の結成・広小路の設置・小石川養生所の創設など、防火対策・貧民救済策が充実した。（121字）
問3　足高の制。役職ごとに役高を設定し、それ未満の家禄の者がその役に就く際に、在職時に不足の役料を支給することとした。これにより、家禄の低い有能な人材の登用が可能になるとともに、人件費の抑制にもつながった。（100字）
（計393字）

「米公方」吉宗の限界

享保の改革は、「米価安の諸色高」という物価動向に対して、従来の経済政策を転換して現実的な対策を講じました。また、足高の制を採用して有能な人材を登用するなど、柔軟さも持ち合わせました。こうしたさまざまな改革によって、幕府は慢性的な財政難にあっても持ちこたえることができたと言えるでしょう。

しかし一方で、本百姓から徴収する年貢を財政基盤とするという、本百姓体制を幕藩体制の根幹とすることに、変更はありませんでした。吉宗は、毎年の豊凶に応じて年貢率を上下させる検見法《けみほう》に代えて、過去数年の年貢高を基準に年貢率を一定にする定免法《じょうめんほう》を採用して、年貢率の引上げと安定を図りました。また、綿花など発達する商品作物の栽培に目を付け、畑地からの年貢増収を目指しました。江戸日本橋に高札《こうさつ》を立て、豪商に新田開発を促したりもしています（町人請負新田）。その結果、幕領における年貢収納率は、享保の改革が行われた18世紀前半を通じて、着実に上昇しました。

吉宗が、「米公方《こめくぼう》」と呼ばれるように米価調節に苦労したのも、年貢を主たる財源とすることに変わりがなかったからです。

しかし、そうした年貢増徴策は、農民を苦しめることになります。農村が疲弊したところに、１７３２年に西日本で稲の害虫であるうんかが大量発生して全国におよぶ飢饉が生じると（享保の飢饉）、各地で百姓一揆が多発しました。もはや、本百姓体制では財政を維持できない状況だったのです。

17世紀後半以降の経済の発達は、幕藩にとって両刃の剣であったと言えます。年貢米の換金は、全国流通網の形成を前提としています。堂島米市場が世界に先駆けた先物取引の市場となったのも、米に単なる商品以上の意味があったからです。しかし、全国的流通網の形成を前提とするということは、市場メカニズムに飲み込まれるということも意味します。米の市場価格は需要と供給の関係で決まりますから、米を増産し、年貢を増徴したからと言って、それがそのまま税収の増加につながるわけではありません。

時代の趨勢からは、いわば「本百姓体制一本足打法」からの脱却が求められていました。そうした中に登場したのが、老中・田沼意次《おきつぐ》です。次の問題では、田沼の画期的で早すぎた経済政策について見ていきたいと思います。

近世３

時代を先取りした田沼意次の経済政策

「賄賂政治」の色眼鏡を外す

田沼意次というと、どうしても「賄賂政治」というイメージがついて回ります。

実際に、幕府の役人と利権を得ようとする商人とのあいだで賄賂は横行していましたし、揉み手で賄賂を要求する役人を風刺した、「役人の子はにぎにぎをよくおぼえ」という川柳が知られるように、民衆からの評判もよくありませんでした。１７８４年、親の七光りもあって若年寄《わかどしより》（老中補佐）まで昇進を遂げていた子の田沼意知《おきとも》が、旗本の佐野政言《まさこと》によって江戸城内で刺殺された際には、民衆は政言を「世直し大明神」と賞賛しました。

しかし、「賄賂政治」の一言で片付けてしまっては、画期的な経済政策をつぎつぎと打ち出した意次の業績を見失うことになります。前問の最後で述べたように、全国流通網が形成され、経済が大きく発達する中で、財源を年貢に頼るのはすでに限界に達していました。財政の根本的な見直しが求められていたのです。

意次の父である田沼意行《おきゆき》は、紀伊藩の足軽の出身でした。そこから藩主であった徳川吉宗に仕え、吉宗が将軍に就くと意行も江戸に出て小姓《こしょう》（身辺に仕える役）となりました。意次は、吉宗の子にあたる9代将軍・徳川家重《いえしげ》と、孫にあたる10代将軍・徳川家治《いえはる》に重用され、側用人《そばようにん》（将軍に近侍してその命を老中に伝える役）から老中に就きました。このように意次が異例の昇進を遂げたのも、その能力が高く評価されていたからにほかなりません。

次の京大の問題は、「賄賂政治」という色眼鏡を外すことで見えてくる、意次の財政政策について問います。

【問題】
田沼意次の財政政策について、享保の改革との違いにも着目しながら、基本方針と具体的政策を述べよ。（２００字以内）
（京大　２０２０年度）

幕府の備蓄金を食いつぶす

前問の最後で、経済の発達は本百姓体制にとって両刃の剣であったと述べました。米の増産のために新田開発などに努めても、市場経済の下では米価が低迷し、そのまま税収の増加につながるわけではないということです。実は、両刃の剣と言うときに、もう一つの意味があります。それは、経済の発達は農民層の階層分化を促すということです。現代における格差社会をイメージしてくださるとよいでしょう。

17世紀後半以降、全国流通網が形成され、農村が三都を中心とする経済に組み込まれていくと、農民の間に商品作物の栽培や農具・金肥《きんぴ》（購入肥料）の使用が広がっていきました。お金を用いてモノを売り買いする、貨幣経済の浸透です。そうなると、持てる者と持たざる者の格差は拡大していきます。豪農層は投資を行って富をさらに増大させることができますが、貧農層は出費がかさむばかりです。

このような状況で、享保の改革のように年貢増徴を行えば、より負担が重くのしかかるのは貧農層でしょう。また、飢饉においても生命の危機にさらされるのは下層の貧しい者です。こうして、18世紀以降、貧農層は土地を手放して小作に転落し、一方で豪農層はその土地を買い集めて地主に成長していくという形で、農民層の階層分化が進行しました。

河内《かわち》国下小坂《しもこさか》村（現在の大阪府東大阪市）の記録によると、享保年間の１７３０年には、５石未満の小百姓が村民の4割を超えていたとされています。

土地を失った貧農層は、豪農層（地主）の下で小作をするか、仕事を求めて江戸・大坂に出て行くしかありません。前問で見たように享保の改革で都市政策が課題の一つとなったのも、こうした事情がありました。それとともに、田畑の耕し手が減れば、米の生産も落ち込みます。経済の発達は、農民層の階層分化を促しましたが、それは年貢の減少にもつながったのです。

田沼意次が側用人となったのは１７６７年、老中となったのは１７７２年ですが、そのころには幕府の備蓄金は３００万両近くあったと考えられます。しかし、１７８６年に10代将軍・家治の死去とともに老中の座を逐《お》われたころには、約80万両まで減っていました。田沼が幕政を主導した時期は旱魃《かんばつ》や洪水などの天災が多発し、財政赤字が続いていました。その結果、享保の改革における財政再建で溜め込んだ備蓄を、食いつぶしてしまったのです。

しかし、享保の改革で溜め込んだ備蓄というのも年貢増徴によるものでしたから、そのツケが回ってきたとも言えます。もちろん、農民層の階層分化が進む中で、同じ手は使えません。備蓄が底をつく前に、やり方を変える必要がありました。

商業資本を利用した財政の再建

では、意次はどのようにして財政再建を目指したのでしょうか？　教科書では、端的に次のように説明されています。「意次は再び行き詰まりだした幕府財政を再建するために、年貢増徴だけに頼らず民間の経済活動を活発にし、そこで生まれた富の一部を財源に取り込もうとした。」（山川出版社『詳説日本史』）。本百姓から年貢を徴収しようとしても、疲弊させるだけで、先が見えています。それならば、景気の良い商人に課税した方が良い。意次は、発達する経済に着目して、さらなる成長を促すことで、税収の増加を図ったのです。

そこで、意次は株仲間を積極的に公認しました。享保の改革においては全国の物流を担う三都の問屋商人が中心でしたが、意次は飛脚仲間など小規模の商人・職人仲間も株仲間として認めています。さらに、地方の商人にも公認を与えています。先に見たように、農村では農民層の階層分化が進行していましたが、そうした中で豪農層は商品作物や手工業製品の販売を行うようになっていました。このようにして各地に現れた新興の商人を在郷《ざいごう》商人と言います。意次はこの在郷商人も株仲間として積極的に公認していったのです。

意次が株仲間を広く認めた目的としては、株仲間が幕府に上納する運上・冥加の増収が指摘できます。小規模な仲間が多かったので少額であったとの説もありますが、「ちりも積もれば山となる」です。それともう一つ、流通の掌握ということで、筆者はこちらがメインであったのではないかと考えています。在郷商人がシェアを大きくする中で、三都の問屋商人を株仲間とするだけでは、全国流通網を掌握しきれなくなっていました。だとすれば、在郷商人も取り込んで統制下に置くというのは、理にかなった判断でしょう。

また、この株仲間政策の一環として、幕府は専売制にも乗り出しています。専売制とは、特定の産品の生産から販売までを管理下に置き、利益を独占する制度のことです。意次は、銅座・朝鮮人参座・真鍮《しんちゅう》座などを設け、特定の商人・職人にのみ生産・販売を認めて、運上・冥加を納入させました。なお、銅は当時の長崎貿易における主要輸出品でした（後述）。また、朝鮮人参は朝鮮から対馬藩を通じて日本にもたらされていましたが、資源の枯渇から支払い用の銀が不足していたため、国産化が目指されていました。真鍮は、寛永通宝を補う真鍮四《し》文銭《もんせん》の鋳造に利用されています。

このような、商業資本を利用した財政再建という意次の方針は、本問で問われているように、年貢増徴を柱とする享保の改革から大きく転換するものでした。

画期的な南鐐二朱銀の鋳造

ところで、意次が発達した流通に目をつけたということでは、南鐐《なんりょう》二朱銀という画期的な銀貨を発行したことについて、取り上げないわけにはいきません（財政政策という本問の趣旨からはズレるため、解答には入ってきませんが）。

南鐐二朱銀がいかに画期的な貨幣であったかを理解するためには、江戸幕府における貨幣制度から押さえる必要があります。江戸幕府は、基軸貨幣である金・銀と、日用の貨幣である銭の、3種類の貨幣を発行していました。これを三貨体制と言います。

まず、金貨は、後藤庄三郎《ごとうしょうざぶろう》家の管轄の下、拾両と墨書きされた大判、壱両と刻まれた小判に、一分金・一朱金が発行されました。単位は1両＝4分＝16朱の4進法です。額面が表示された計数貨幣でした。現代の貨幣を見慣れている私たちにとっては、1円玉・5円玉と金額が記されているのは当たり前のように思えますが、古代の和同開珎《わどうかいちん》や中世に流通した中国銭は枚数を1文・2文と数えるだけで、金額は記されていません。日本初の計数貨幣が江戸幕府の発行した金貨でした。

次に、銀貨は、大黒常是《だいこくじょうぜ》家の管轄の下、なまこの形をした丁銀《ちょうぎん》と、小粒の豆板銀《まめいたぎん》が発行されました。金貨とは異なり、その重量が金額となる貨幣で、これを秤量《しょうりょう》貨幣と言います。秤で重さを量って使用したのです。それゆえ金額の単位は重さの単位である1貫＝1000匁《もんめ》でした（1貫は約3・75kg）。

最後に、日用の貨幣が銭で、初めは江戸と近江の坂本に銭座《ぜにざ》が設けられていましたが、後に商人の請負いの形で全国で鋳造されるようになりました。中世には永楽通宝など中国銭が輸入されて国内で使用されていましたが、1636年に幕府が寛永通宝を発行したことで、これに一本化されました。

さて、ここで注目してほしいのが、金貨と銀貨が流通した圏域です。金貨は江戸を中心とする東日本で用いられ（金遣《きんづか》い）、銀貨は大坂を中心とする西日本で用いられました（銀遣《ぎんづか》い）。これは、戦国時代以来、東日本では佐渡・甲斐など金山が分布していたので金が用いられ、西日本では石見《いわみ》・生野《いくの》など銀山が分布していたので銀が用いられていたことによるものです。

しかし、それは貨幣単位が一本化されていないということを意味していました。いちおうは金1両＝銀50匁（のち60匁）＝銭4000文という公定レートがありましたが、その時々によって相場は変動しました。また、銀遣いの大坂と金遣いの江戸の間で取引する際には両替商の手を借りなければなりませんでした。両替商の中でも本両替は、幕藩の公金取り扱いや手形発行の業務も担う、金庫番の役割を果たすようになります。

　東西で基軸貨幣が異なるというのは、経済圏が二分されているようなものですから、全国流通網という点でもよろしくありません。そこで、意次が1772年に発行したのが南鐐二朱銀です（「南鐐」は「上質な」の意）。長方形をしたこの銀貨には、「以南鐐八片換小判一両（南鐐八片を以て小判一両に換《か》ふ）」と刻印されていました。1両＝16朱でしたから、16÷8＝2朱で通用するということです。つまり、南鐐二朱銀は朱という金貨の単位が与えられた計数貨幣として発行されたのでした。当初は銀含有量の少なさから評判が良くなかったのですが、やがて西日本にも普及していきます。

図12　南鐐二朱銀

　意次の意図が貨幣単位の統一とそれによる東西に分かれる経済圏の統合にあったことは明らかでしょう。その意味で、初の計数銀貨である南鐐二朱銀は画期的だったのです。

長崎貿易に目を向ける

このように、意次は発達した流通に着目し、その富を幕府に取り込んで財政の再建を図る経済政策を次々と打ち出しました。商業資本の利用ということで言えば、利根川東遷事業の副作用としてたびたび洪水を引き起こすようになっていた印旛《いんば》沼《ぬま》・手賀《てが》沼《ぬま》の干拓工事を、江戸・大坂の大商人の資金援助で行っています（完成目前のところで、１７８６年に江戸時代最大の利根川の洪水が襲い、失敗に終わってしまうのですが）。

また、意次が目を向けていたのは国内だけではありません。長崎貿易にも積極的に乗り出し、収益の改善を図りました。

いわゆる「鎖国」体制が取られていた時代にあっても、長崎にはオランダ船・中国船が来航し、貿易を行っていました。これを長崎貿易と言います。ただし、幕府の貿易に対するスタンスは守りの姿勢でした。産出量の激減した金銀（近世2参照）の海外流出を抑えるため、貿易量を制限していたのです。１７１５年には海舶互《かいはくご》市《し》新例《しんれい》（長崎新令）を発して、オランダとの貿易は年間銀３０００貫、中国との貿易は年間銀６０００貫までという上限が設けられました（金銀を支払いに用いて何を輸入していたのかについては、次問で解説します）。

意次はこの守りの姿勢を攻めに転じます。鉱山から金や銀が採れなくなっているのであれば、貿易を行って海外から手に入れれば良い。その考え方は、意次とも交流のあった数学者で経世家の本多《ほんだ》利明《としあき》に通じます。利明が著した『経世秘策《けいせいひさく》』にはこうあります。

「日本は海国《かいこく》なれば、渡海・運送・交易は、固《もと》より国君《こつくん》の天職最第一の国務なれば、万国へ船舶を遣《や》りて、国用の要用たる産物、及び金銀銅を抜き取て日本へ入れ、国力を厚くすべきは海国具足《ぐそく》の仕方なり。自国の力を以て治《おさむ》る計《ばか》りにては、国力次第に弱り、其弱り皆農民に当り、農民連年耗減するは自然の勢ひなり。」

日本は海に囲まれた島国なのだから、貿易・海運は将軍（国君）としての第一の勤めであり、海外に船を送って、国内で必要なもの、金銀銅を手に入れて、国力を強くするのは当然のやり方だ。――利明は1780年代の天明の飢饉のさなかに東北地方の農村を歩き回り、その惨状を目にしていました。自国の力だけに頼っていては、国力は次第に弱り、そのしわ寄せは農民に来て、「農民連年耗減するは自然の勢ひなり」というその言葉には、実感がこもっていました。

さて、貿易で海外から金銀を輸入して手に入れるには、国内から産品を輸出しなければなりません。意次が輸出のために増産を試みたのが、銅と俵物《たわらもの》です。銅はすでに金銀に代わる主要輸出品でしたが、先述のとおり銅座を設けて専売制を導入しています。また、俵物とは、いりこ（なまこの腸を抜き取り、煮て干したもの）・ふかのひれ・干しあわびといった海産加工物を詰めたもので、北海の漁場で採れることから、意次の目は蝦夷地（現在の北海道）に向かうことになります。

（なお、近年の研究では貿易量じたいはそれほど増えていないことが明らかになっていますが、金銀は輸入に転じ、貿易を担う長崎会所の会計も黒字となっていますので、目的は達成したと言えるでしょう。）

ロシアとの交易の可能性を探る

蝦夷地は、海産物や材木などの資源が豊富にあることから、鎌倉時代のころから、本州から商人たち（和人商人）が海を渡って先住民であるアイヌの人々と交易を行っていました。室町時代には、北海道南部の渡島《おしま》半島に進出し、海岸部に12の城館を建設しています（道南十二館《どうなんじゅうにたて》）。江戸時代には、幕府からアイヌとの独占交易権を認められた松前氏が、蝦夷地の支配者としての地位を確立しました（次問で後述）。

このように、意次以前から蝦夷地ではアイヌとの交易が活発でしたが、意次は蝦夷地の開発を計画します。それは、長崎貿易における輸出品である俵物の増産だけが目的ではありません。意次が幕政を主導した18世紀後半には、北方からロシアが現われ、密貿易を行っていました。そこで、北方の備えとともに、ロシアとの交易の可能性を探って、蝦夷地開発を計画したのです。

こうした中で、意次に献上されたのが、仙台藩医であった工藤平助《へいすけ》が著した『赤蝦夷風《あかえぞふう》説考《せつこう》』です。「赤蝦夷」とはロシアのこと。平助はオランダから長崎に届けられた文書などを通じてロシアの南下の動きを知り、蝦夷地の経営とロシアとの交易を説きました。（なお、最近では写本にある『加模西葛杜加《かむさすか》国風説考』が正式名称であると考えられています。「加模西葛杜加」とはカムチャッカ半島のこと。ロシアはカムチャッカ半島を領有し、そこから千島列島に下りてアイヌと交易を行っていました。本書は日本がロシアという大国の存在を知るきっかけとなりましたが、カムチャッカの地理を中心に記述されていますので、『加模西葛杜加国風説考』の方がふさわしいように思います。）

意次は平助の意見を受け入れて、１７８５年に蝦夷地の調査を行います。その時に選ばれたメンバーの一人が、本多利明の私塾に学び、利明から意次に推薦された最上徳内《もがみとくない》でした。徳内は翌１７８６年に択捉《えとろふ》島の調査も行い、ロシア人とも接触しています。結局、それほど利益が見込めないということで、ロシアとの交易は未着手のまま終わりました。さらに、この年には意次が失脚したことで、蝦夷地の開発じたいが中止されています。歴史にｉｆは許されませんが、意次がもう少し長く政権を維持していれば、史実とは違った幕末の展開が見られたかもしれません。

【解答例】
享保の改革では年貢増徴や米価の引上げにより財政の再建を図ろうとしたが、それは幕藩体制の根幹にある本百姓体制を前提とするものだった。これに対して田沼は発達する流通に着目して、商業資本を利用した財政の再建を目指した。具体的には、在郷商人を株仲間に公認して運上・冥加の増収を図り、銅座・人参座など専売を拡大する一方、長崎貿易においても銅・俵物を積極的に輸出して金銀の輸入を図るなど、対外交易にも目を向けた。（２００字）

近世の終わりの始まり

「賄賂政治」の色眼鏡を外してみると、田沼意次の評価はかえって難しくなります。現在の（というよりも戦後の）歴史学では思い切った経済政策の数々が評価されていますが、幕府の備蓄を食いつぶしていったこともまた事実です。

　意次が失脚した背景としては、１７８０年代に東北地方で多くの餓死者を出した天明の飢饉がよく指摘されます。改革が軌道に乗りつつあったところに、数年におよぶ大飢饉が発生したことで、意次に対する風当たりが強くなってしまったのだ、と。しかし、これを避けられない「不運」という一言で片付けるのも、歴史を見誤っているでしょう。商業を優先する政策は、年貢増徴策と同様に農村を疲弊させていました。そこに襲ったのが天明の飢饉だったのです。

　一方で、一連の政策による経済の活性化に刺激を受けて、意次が実権を握った宝暦〜天明期には、民間の学問や文化が多様な発展を遂げました。前野良沢《まえのりょうたく》・杉田《すぎた》玄白《げんぱく》らによって『解体新書《かいたいしんしょ》』が訳述されたのは、意次が老中に就いた2年後の１７７４年です。また、遊里を描いた山東京伝《さんとうきょうでん》の洒落《しゃれ》本《ぼん》や、絵入りの風刺読み物である恋川春町《こいかわはるまち》の黄《き》表紙《びょうし》が、江戸町人の間で広く読まれたのもこの時期です（なお、現行の教科書では「化政文化」から分離する形で、「宝暦・天明期の文化」の一節が設けられています）。

幕藩体制を支えた農村社会が大きく変容する一方で、経済や文化の面ではこれまでなかった新しいものが生み出されてくる。このように見ると、意次が幕政を主導した時期というのは近世の終わりの始まりであり、意次の政策は時代を動かす転換器の役割を果たしたと言えるかもしれません。

近世4

「鎖国」下に開かれた「四つの口」

外交戦略としての「鎖国」

筆者がかつてとあるニュースサイトに寄稿した記事には、『江戸幕府が「鎖国」していたという大きなウソ』という、ネット記事にありがちな挑発的なタイトルがついていて、そこそこ炎上したことがあります。

少し弁解させていただくと、このタイトルは私自身がつけたわけではなく、掲載されたのを見て驚いた次第だったのですが、ＰＶ数を稼ぐための担当者の涙ぐましい（？）努力だったのでしょうし、中身を読んでいただければ問題ないと思っていたものの、筆者自身も見出しから記事の内容を判断することがあるわけで、難しいものです。

では、江戸幕府は鎖国をしていたのか？　していなかったのか？　改めてこう問われると、一言で答えられるものではなく、これまた難しい問いです。

現行の教科書では、「固く海外との交流を閉ざした」というイメージを避けるため、「鎖国」の語は強調されていません。例えば、山川出版社『詳説日本史』では、「いわゆる鎖国の状態」と記述されています。後ほど説明するように、幕府は長崎（出島）・薩摩・対馬・松前の4つの窓口（四《よ》つの口）を開いており、オランダ・中国・琉球・朝鮮およびアイヌとの交流がありました。それゆえ、「開かれた鎖国」などと表現されることもあります。

ですが、海外に対して完全にオープンであったかと言えば、それも誤りです。外交の窓口も通交する国も限定する。それは、幕府の外交戦略でした。この、「外交戦略」という視点こそが重要でしょう。「江戸幕府は鎖国をしていなかった」と言い切ってしまうと、幕府が支配体制を維持するためにとった外交戦略が見失われます。

次の東大の問題は、江戸時代の日中関係を通して、幕府の外交戦略を問うています。

【問題】

江戸時代の日中関係にかかわる次の⑴～⑷の文章を読んで、下記の設問A・Bに答

えなさい。

(1)　幕府は、１６３９年にポルトガル船の来航を禁止するに際して、主要な輸入品であった中国産品が他のルートによって確保できるかどうか、慎重な検討を重ねていた。

(2)　幕府は、１６８５年に長崎での毎年の貿易総額を定め、１７１５年には、銅の輸出量にも上限を設けた。

(3)　中国書籍は長崎に着くと、キリスト教に関係がないか調査された後、商人たちの手により全国に販売された。

(4)　長崎には、黄檗宗を広めた隠元隆琦ばかりでなく、医術・詩文・絵画・書道などに通じた人物が、中国からしばしば来航していた。

設問

A　⑴の時期と⑵の時期以降とでは、中国との貿易品にどのような変化があったか。国内産業への影響も含め、90字以内で述べなさい。

B　江戸時代の中国からの文化の流入には、どのような特徴があるか。60字以内で述べなさい。

（東大　２００９年度）

禁教の徹底と大名・豪商の富裕化防止

問題に入る前に、いわゆる「鎖国」体制が成立するまでの経緯について整理しておきましょう。そこから、幕府が通交を制限した意図も見えてくるはずです。

幕府は当初から「鎖国」体制を目指していたわけではなく、初代将軍の徳川家康はむしろ、ヨーロッパ諸国との貿易に積極的でした。１６００年、オランダ船リーフデ号が豊後沖に漂着すると（関ヶ原の合戦の半年前のことです）、家康は、その航海士であったヤン・ヨーステン（耶揚子《やようす》）と水先案内人のウィリアム・アダムス（三浦按針《あんじん》）を外交顧問として江戸に招いています。その後、１６０９年にはオランダに、１６１３年にはイギリスに通商を許可し、両国の東インド会社は平戸（長崎県）に商館を開いています。

しかし、２代将軍・徳川秀忠、３代将軍・徳川家光の時代になると、貿易に統制が加えられるようになります。その目的は、禁教の徹底と大名・豪商の富裕化防止です。

時計の針を戦国時代まで戻しましょう。ポルトガル人が種子島に漂着して鉄砲を伝えたのが１５４３年、イエズス会宣教師のザビエルが鹿児島に来日し、キリスト教の布教を始めたのが１５４９年です。最初に日本にやってきたヨーロッパ人は、南蛮人と呼ばれるカトリック国のポルトガル人・イスパニア人でした。そのころヨーロッパでは宗教改革によりルター派・カルヴァン派などのプロテスタント（新教）が勢力を伸ばしていました。そこで、カトリック（旧教）系の会派は海を渡ってアジアや南北アメリカでの布教に力を入れており、その費用調達のため各地で貿易を行っていたのです。これを南蛮貿易と言います。

このように、布教と貿易とは一体化したものであったため、彼らは布教を認めた大名領にのみ入港する方針を取りました。一方、貿易をのぞむ九州や西国の大名は布教活動を支援し、自ら洗礼を受ける者も現れました。それがキリシタン大名です。さらには、家臣や領民にも入信を強制して、結束力の強化を図る動きも見られました。こうしたキリシタンの勢力の伸長を怖れて、豊臣秀吉は九州平定後の１５８７年、バテレン追放令を発して宣教師（バテレン）の国外追放を命じています。

話を秀忠・家光の時代に進めましょう。幕府もキリスト教が全国支配の妨げになると考え、禁教の徹底のため、布教と一体的に行われていた貿易の制限に乗り出しました。折しも、カトリック国のポルトガル・イスパニアを追って東アジアに進出してきたのが、プロテスタント国のイギリスとオランダでした。両国は貿易だけを求めていました（そのために設立したのが東インド会社です）ので、幕府はこちらをパートナーとして選んだのです。イギリスは１６２３年に撤退したので結果的にオランダが残ることになりますが。

また、貿易によって大名や豪商が経済力を持つことも幕府にとっては危険です。家康の時代には、海外渡航を認めた朱印状をたずさえて、多くの豪商が東南アジアに渡って貿易（朱印船貿易）を行っていましたが、１６３５年には日本人の海外渡航が全面的に禁止されます。さらに、１６４１年には平戸のオランダ商館が長崎出島に移され、幕府の長崎奉行の管轄下で貿易が行われるようになるのです。

こうして、17世紀半ばには禁教の徹底と貿易の制限を目的とする「鎖国」体制が完成し

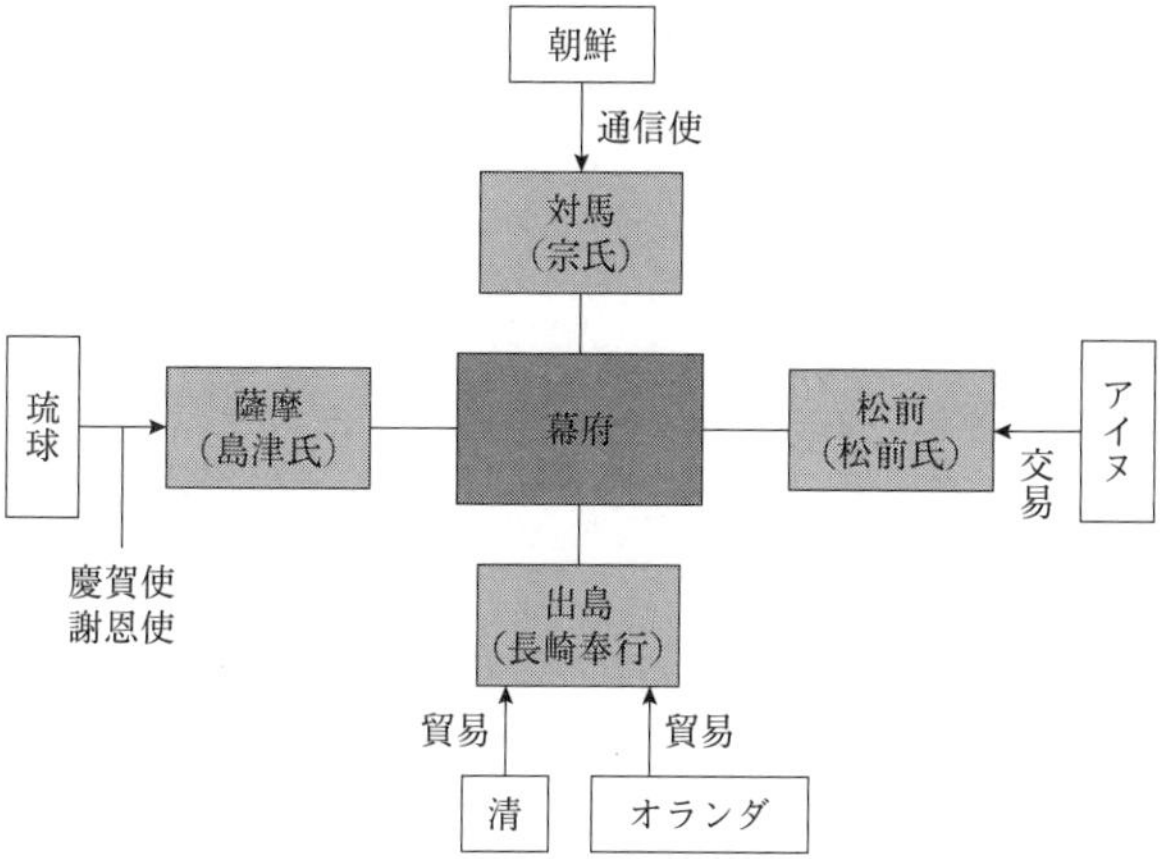

図13 「四つの口」体制

ました。

貿易と海外の情報を独占する

ですが、冒頭で述べたとおり、長崎以外にも外交の窓口は開かれており、オランダ以外にも通交する国はありました。ここでは、長崎・薩摩・対馬・松前の「四つの口」について、それぞれみていきましょう。

①長崎（出島）＝オランダ・中国の窓口

長崎では、オランダだけでなく、中国とも貿易を行っていました。

まず、オランダとは、貿易が行われたといっても、国どうしの正式な国交が結ばれたわけではありません。幕府が貿易を認めた東インド会社が支店として出島に商館を置き、幕府の長崎奉行の管理下で貿易を行っていたということです。

また、中国とも国交は樹立されていません。17世紀後半に明から清に王朝が交代し、国情が安定すると、私貿易船の来航が増加しました。そこで、幕府は１６８９年に長崎町中に唐人屋《とうじんや》敷《しき》を置いて、中国人の居住地を制限しています。

②対馬＝朝鮮の窓口

朝鮮半島では、１３９２年（日本では南北朝の動乱が終了した年です）に、李成桂という武将によって朝鮮という王朝が建国されましたが、室町時代には日本とこの朝鮮との間で対馬の宗《そう》氏を介して貿易を行っていました。民衆の衣服として普及する木綿も朝鮮から入ってきます。しかし、１５１０年に朝鮮に開かれていた3つの港（三浦《さんぽ》）で待遇に不満をもつ日本人商人が反乱を起こしたことから（三浦の乱）、貿易は衰退しました。その後、16世紀末には豊臣秀吉が2度にわたる朝鮮侵略を行ったため、関係は断絶します。

山がちで耕地に乏しい対馬にとって、朝鮮との貿易は生命線でした。そこで、島主の宗氏は決死の覚悟で和平交渉に臨みます。最初に遣わした使いは誰一人島に帰って来ませんでした。文字通り命がけだったのです。そこで、宗氏は新たに成立した江戸幕府を後ろ盾に和平交渉を行う道を選択し、尊大な態度の幕府と朝鮮王府の間で板挟みになりながらも、１６０７年に徳川将軍からの国書への回答と朝鮮人捕虜の送還を目的とする回答兼刷還使《かいとうけんさつかんし》の来日を実現して、国交回復を達成しました。

この使節は後に通信使と呼ばれるようになり、将軍の代替わりごとに来日しました。また、宗氏は１６０９年に朝鮮との間で己酉約条《きゆうやくじょう》を結び、釜山への倭館《わかん》の設置と年間20艘の貿易船の派遣（歳遣船《さいけんせん》）が認められます。悲願の朝鮮貿易の再開を果たしたのです。

③薩摩＝琉球の窓口

中世の琉球では、北山《ほくざん》・中山《ちゅうざん》・南山《なんざん》による三山の分立の時代をへて、１４２９年に中山王の尚巴志《しょうはし》が統一しました（琉球王国）。琉球王国は、東アジアから東南アジアにかけての海上の要所に位置するという地の利を活かし、中国の明と東南アジア諸国との間の中継貿易で繁栄を遂げました。明は倭寇（中国沿岸を襲う海賊）の禁圧を目的に中国人商人の海外渡航を禁止する海禁政策をとっていたため、東南アジア産の蘇木《そぼく》（生薬として用いられました）や香木《こうぼく》を入手するルートとして、琉球を重んじたのです。貿易船を提供し、外交官を送り込むほどでした。

しかし、その繁栄は長続きしませんでした。16世紀に入ると明の衰退とともに中国人の海賊（日本史では後期倭寇と呼ばれます）の活動が活発化し、これと結びつく形で先述の南蛮人が東アジアに現れます。１５４３年に種子島に漂着したポルトガル人が乗っていたのも、王直《おうちょく》という中国人の海賊の頭領が所有していた船です。こうして、南蛮人の進出によって琉球は中継ぎの地位を奪われました。

１６０９年、薩摩の島津家久が琉球に兵を送ると、ほとんど抵抗のできぬまま都の首里（現在の那覇市）を占領されます。そして、江戸時代には、薩摩を通じて、将軍の代替わりごとに慶賀使が、琉球国王の代替わりごとに謝恩使が幕府に遣わされるのです。一方で、薩摩は中国（明のち清）との朝貢関係を維持させ、琉球を日中両属の状態に置きました。

④松前＝アイヌの窓口

前問で見たとおり、渡島半島に建設された城館（道南十二館）を支配する松前氏が、徳川家康からアイヌとの独占交易権を認められました。蝦夷地も対馬と同じく耕地に恵まれません。それゆえ、交易における収益が石高の代わりとなり、家臣とはアイヌとの交易の場（商場《あきないば》）を知行として与えるという形で主従関係を結びました（商場知行制）。

こうして「四つの口」を概観すると、幕府は外交の窓口を制限することで貿易を統制したことがお分かりいただけるでしょう。実は、幕府がもう一つコントロールを図ったものがあります。それは、海外の情報です。大名が外国人と直接結びつき、海外の情報を得ることは、国内の支配体制を脅かすことにもなりかねません。そこで、海外の情報は幕府が独占できるようにしたのです。

例えば、出島に置かれたオランダ商館の長（カピタン）は基本的に1年交代でしたが、新たに赴任した商館長は江戸に赴いて将軍に謁見し（江戸参府）、海外の動向を記したオランダ風説書《ふうせつがき》を提出しました。この風説書は、幕府の要人しか目を通せないトップシークレットでした。

外交窓口を制限して貿易と海外の情報を幕府が独占することで、対外関係を安定的なものとするとともに、幕府の国内支配が外側から脅かされるのを防ぐ。これこそが、「鎖国」という外交戦略だったのです。

中国産生糸をめぐる貿易政策

下準備が長くなりましたが、以上のような幕府の外交戦略を踏まえて、問題を考えましょう。Ａは、⑴の時期と⑵の時期以降における中国との貿易品の変化について、国内産業への影響も含めて答えることが求められています。

資料文⑴は、ポルトガル船の来航を禁止した１６３９年についての記述です。「主要な輸入品であった中国産品」とありますが、これが生糸であると特定することは、教科書で着実に勉強してきた受験生であれば、けっして難しくありません。16世紀半ばに始まる南蛮貿易においても、主要な輸入品は生糸でした。南蛮人（とりわけポルトガル人）は、中国で生糸を買いつけ、日本で売る、中継の形式で貿易を行っていたのです。質の良い中国産の生糸は「白糸《しらいと》」と呼ばれて重宝され、主に京都西陣における絹織物（西陣織）の生産に用いられました。

その際に、日本からの支払いに用いられたのが銀です。日本の銀山としては、２００７年に世界遺産に登録された石見《いわみ》銀山（島根県）が有名でしょう。16世紀前半に朝鮮から灰《はい》吹法《ふきほう》と呼ばれる精錬技術が伝わったことから、産出量が飛躍的に増大しました。17世紀初頭には、石見銀山をはじめとして、日本各地の銀山から産出される銀は、世界の産出量の

3分の1近くを占めていたと推定されています。

さて、江戸幕府は当初、糸割符《いとわっぷ》制度と呼ばれる生糸の貿易に関する仕組みを作りました。これは、京都・長崎・堺の商人（後に江戸・大坂も加わります）に糸割符仲間を結成させ、輸入生糸の価格決定権を与えるというものです。利益を独占しようとするポルトガル商人に対抗することを目的としました。それだけ中国産生糸の輸入が貿易において重要な位置を占めていたということです。

ですので、資料文(1)にあるとおり、１６３９年にポルトガル船の来航を禁止する際には、その輸入ルートの確保が課題となりました。そこで、幕府は中国（明）との国交の樹立を目指しましたが果たせず、長崎に来航する私貿易船によって生糸はもたらされることになります。また、日朝貿易も代替ルートとなりました。朝鮮との貿易を独占する対馬は、生糸の販売のため蔵屋敷（近世2参照）を大坂のほか西陣織の発達した京都に置いています。このように、幕府は中国産生糸の輸入ルートを確保したうえで、「鎖国」に踏み切ったのです。

それが、(2)の時期（17世紀末～18世紀初頭）になると、状況が変わります。資料文(2)からは、幕府が貿易量を制限しようとしていたことが読み取れます（１７１５年に関する記述は、前問で触れた海船互市新例についてのものです）。その背景には、過採掘による金銀の生産量の減少がありました。一方で、生糸に関しては、国産化が進みます。北関東の農村では養蚕地帯が形成され、京都の職人が原料を求めて桐生（群馬県）・足利（栃木県）に移動する動きが見られました。

また、輸出面の変化では、近世3で見た、銅と俵物を指摘すれば良いでしょう。田沼意次は、銅と俵物の輸出拡大によって金銀の輸入を図ろうとしたのです。

このように、「鎖国」の一言で片付けてしまっては見えてこない、国内産業の状況を踏まえた貿易政策が幕府にはあったのです。

厳重な窓口と自由な国内流通

続いて設問Bは、中国からの文化の流入の特徴について問われています。資料文(4)に見られるとおり、「鎖国」下の江戸時代にもさまざまな文物が中国から入ってきました。黄《おう》檗宗《ばくしゅう》とは、明の僧侶である隠元隆琦《いんげんりゅうき》が創始した禅宗の一派で、長崎に開かれた崇福寺《そうふくじ》は唐人屋敷に居住する中国人の檀那《だんな》寺《でら》とされました。また、明・清期の絵画の影響で学者らが余技として描く文人画《ぶんじんが》（南画《なんが》）や円山応挙《まるやまおうきょ》を祖とする写生画が発達しました。

ただし、本問では「文化」そのものの特徴ではなく。「文化の流入」のあり方についての特徴が問われていることに注意しなければなりません。そのような観点から資料文⑶を読んでみましょう。近世2で解説した18世紀前半の享保の改革では、漢訳洋書の輸入制限が緩和されました。医学・物理学など現実の役に立つ実学としてヨーロッパの学問（蘭学・洋学）を奨励することを目的としたものです。資料文⑶にある「中国書籍」とは、漢訳洋書のことと考えられます。漢訳洋書の輸入制限の緩和により蘭学の受容が進み、続く田沼意次が政治を主導した18世紀後半の宝暦・天明期には、近世3で見たとおり、『解体新書』の訳述が行われるなど、医学・物理学などの分野を中心に蘭学は発達しました。

資料文⑶に「商人たちの手により全国に販売された」とあるように、漢訳洋書は国内に入ってきてからは自由に流通していたことが分かります。しかし、長崎では、幕府の長崎奉行の管轄下で「キリスト教に関係がないか調査」されました。外交の窓口である長崎で厳しく取り締まることにより、キリスト教の流入を防いだのです。

ここに、貿易と海外の情報の独占という幕府の外交戦略の具体的な姿が見えてきます。窓口を厳重にしたうえで、その後の国内流通は自由に任せて受容・発達を促す。それが「文化の流入」の特徴であったとまとめられるでしょう。

【解答例】

A　⑴の時期には輸出は銀、輸入は生糸を中心としたが、⑵の時期以降、金銀産出量の減少を背景に貿易が制限されたため生糸の国産化が進み、また、輸出品として銅や蝦夷地での俵物の増産が図られた。（90字）

B　幕府による長崎での管理の下、キリスト教に関連する書籍以外は国内での流通が認められ、中国文化とともに西洋の学問も流入した。（60字）

近代の礎は近世に築かれる

江戸幕府の「鎖国」体制を、どのように評価すればよいでしょうか？　筆者の手元にある中で最も古い、１９９１年文部省（当時）検定済の山川出版社『改訂版新詳説日本史』には、「鎖国によって日本人の海外発展の道はとざされ、産業や文化の近代化がおくれることになったが、国内ではキリスト教の禁圧が徹底し、幕府の統制力が強化されて幕藩体制の確立に大きな役割をはたすことになった」と記されています。

本問で見た内容に照らし合わせると、後半の記述は妥当ですが、前半の「産業や文化の近代化がおくれることになった」は、やや疑問が残るでしょう。幕府の管理下で取り入れるべきものは取り入れ、それにより生糸の国産化や蘭学の発達が促されたのです。それゆえ、現行の教科書（２０２２年検定済）では、「こうして、鎖国によって幕府は貿易を独占することになり、産業や文化に与える海外からの影響は制限され」と書き換えられています。

この国の歴史を考えるうえで、「日本の近代化」は一つの大きなテーマであり続けています。19世紀後半～20世紀前半に、欧米以外の国で、憲法を制定し、産業革命も達成して、近代化を成しえたのは、日本しかありません（オスマン帝国〔トルコ〕でも１８７６年にミドハト憲法が制定されましたが、翌年には停止されています）。

「なぜ日本（だけ）が近代化できたのか？」という問いに対して、「近世（江戸時代）の段階で近代を受け入れる基盤ができあがっていたから」というのが、筆者の答えです。「鎖国」体制の下で、海外との結びつきなしに完結した全国的流通網が形成されましたが、それは経済の近代化を進めるうえで必要なものでした。また、幕府の統制下で蘭学を受容していたことも、明治時代に本格的にヨーロッパの近代的な学問を受け入れる地ならしとなりました。さらに、前問で見た農民層の階層分化は、地主制の発達を促し、それが資本主義経済に不可欠な資本と労働力を準備しました。

前問の最後で田沼時代を「近世の終わりの始まり」の時期と評しましたが、それはけっして後ろ向きの捉え方ではありません。やがて近代として開花する礎が、着々と築かれていたのです。

あとがき

正直に言うと、「テストに出る」というのは生徒にとって最も説得力のある言葉で、筆者も納得の行かなさそうな生徒の表情を見て困り果て、この言葉を用いることがあります。ですが、未成年の若者が（50歳を迎えた筆者もですが）たちどころに全てを理解できるわけがありません。それならば、「テストに出る」という方便で頭の片隅に入れておくというのも大切なことではないかと思います。いつかその意味が分かる時が来るはずです。

本書で扱った入試問題は、受験生にとっては合否が最大の関心事であることは当然ですが、この国の成り立ちに目を向けさせる問題、現代社会が抱える課題に歴史という視座からヒントを与える問題と、意味のある「良い問題」ばかりでした。そもそも、大学で学ぶにふさわしい学生を選抜する試験で、その道の専門家が、意味のない問題を出題することなど考えられません。

物の分かったふりをしている大人は、「学校で学んだことなど社会に出てから何の役にも立たない」とうそぶきますが、それが見当違いであることは、本書に収録した12の問題に向き合ってきた読者の皆さんには、十分にご理解いただけたと思います。「何の役にも立たない」という言葉は、役に立たないような仕方でしか学校で勉強してこなかったことを告白するようなものです。

ですが、まだ社会に出ていない若者には、どのように役に立つのかは分かりません。むしろ、「あのとき先生が言っていたのはこういうことだったのか」と社会に出てから思い起こされることが多いと思います。だからこそ、大人になってからの学び直しが必要とされるのです。いや、人は生き続けている限り学び続けなければならないという方が当たっているでしょう。

「大人の学参」シリーズは、まさにそのような趣旨で企画されました。すでに『まるわかり世界史』と『まるわかり近現代史』が、朝日新聞で『歴試学のススメ』の連載を共にした、都立高校教諭の津野田興一さんによって刊行されていますので、こちらも手にとっていただければと思います。そして、筆者は、予備校講師が文春新書の著者に名を連ねるという身に余る光栄を胸に、これからも生徒と汗をかいていきます。

相澤理

相澤　理（あいざわ おさむ）

1973年生まれ。東京大学文学部卒業。東京大学の入試問題を題材とした『歴史が面白くなる　東大のディープな日本史』（KADOKAWA）がベストセラーに。長年にわたり、東進ハイスクール・東進衛星予備校講師としてセンター試験倫理対策講座を担当。現在は、通信制予備校「早稲田合格塾」のほか、首都圏の高校で受験指導にあたっている。また、YouTubeチャンネル「ユーテラ」で授業の動画を配信中（https://www.youtube.com/@yuutera）。他の著書に『大学入試　マンガで倫理が面白いほどわかる本』（KADOKAWA）、『悩んだら、先人に聞け！　センター倫理で日本の思考の型を学ぶ』（笠間書院）などがある。

文春新書

1420

大人《おとな》の学参《がくさん》　まるわかり日本史《にほんし》

2023年8月20日　第1刷発行

著　者　相澤　理
発行者　大松芳男
発行所　株式会社　文藝春秋

〒102-8008　東京都千代田区紀尾井町3-23
電話（03）3265-1211（代表）

印刷所　理想社
付物印刷　大日本印刷
製本所　大口製本

定価はカバーに表示してあります。
万一、落丁・乱丁の場合は小社製作部宛お送り下さい。
送料小社負担でお取替え致します。

ISBN978-4-16-661420-2

◆日本の歴史

渋沢家三代 佐野眞一
古墳とヤマト政権 白石太一郎
謎の大王 継体天皇 水谷千秋
謎の豪族 蘇我氏 水谷千秋
謎の渡来人 秦氏 水谷千秋
継体天皇と朝鮮半島の謎 水谷千秋
女たちの壬申の乱 水谷千秋
昭和史の論点 坂本多加雄・秦 郁彦・半藤一利・保阪正康
あの戦争になぜ負けたのか 半藤一利・保阪正康・中西輝政・戸髙一成・福田和也・加藤陽子
日本のいちばん長い夏 半藤一利編
昭和陸海軍の失敗 半藤一利・秦 郁彦・平間洋一・保阪正康・黒野 耐・戸髙一成・戸部良一・福田和也
昭和の名将と愚将 半藤一利・保阪正康
日本型リーダーはなぜ失敗するのか 半藤一利
「昭和天皇実録」の謎を解く 半藤一利・保阪正康・御厨 貴・磯田道史
大人のための昭和史入門 半藤一利・船橋洋一・出口治明・水野和夫・佐藤 優・保阪正康他
21世紀の戦争論 半藤一利・佐藤 優

なぜ必敗の戦争を始めたのか 半藤一利
歴史探偵 忘れ残りの記 半藤一利
歴史探偵 昭和の教え 半藤一利
歴史探偵 開戦から終戦まで 半藤一利
昭和史の人間学 半藤一利
十七歳の硫黄島 秋草鶴次
山県有朋 伊藤之雄
指揮官の決断 早坂 隆
永田鉄山 昭和陸軍「運命の男」 早坂 隆
ペリリュー玉砕 早坂 隆
日本人の誇り 藤原正彦
天皇陵の謎 矢澤高太郎
児玉誉士夫 巨魁の昭和史 有馬哲夫
遊動論 柳田国男と山人 柄谷行人
火山で読み解く古事記の謎 蒲池明弘
邪馬台国は「朱の王国」だった 蒲池明弘
「馬」が動かした日本史 蒲池明弘
文部省の研究 辻田真佐憲

古関裕而の昭和史 辻田真佐憲
大日本史 山内昌之・佐藤 優
日本史のツボ 本郷和人
承久の乱 本郷和人
権力の日本史 本郷和人
北条氏の時代 本郷和人
日本史を疑え 本郷和人
黒幕の日本史 本郷和人
明治天皇はシャンパンがお好き 浅見雅男
江戸のいちばん長い日 安藤優一郎
江戸の不動産 安藤優一郎
姫君たちの明治維新 岩尾光代
日本史の新常識 文藝春秋編
秋篠宮家と小室家 文藝春秋編
美しい日本人 文藝春秋編
日本プラモデル六〇年史 小林 昇
仏教抹殺 鵜飼秀徳
お寺の日本地図 鵜飼秀徳

仏教の大東亜戦争　鵜飼秀徳

昭和天皇 最後の侍従日記　小林 忍＋共同通信取材班

令和を生きるための 昭和史入門　保阪正康

内閣調査室秘録　志垣民郎 岸 俊光編

木戸幸一　川田 稔

「京都」の誕生　桃崎有一郎

皇国史観　片山杜秀

11人の考える日本人　片山杜秀

昭和史がわかる ブックガイド　文春新書編

遊王 徳川家斉　岡崎守恭

大名左遷　岡崎守恭

東條英機　一ノ瀬俊也

信長 空白の百三十日　木下昌輝

感染症の日本史　磯田道史

徳川家康 弱者の戦略　磯田道史

平安朝の事件簿　繁田信一

小林秀雄の政治学　中野剛志

婆娑羅大名 佐々木道誉　寺田英視

経理から見た日本陸軍　本間正人

戦前昭和の猟奇事件　小池 新

インパールの戦い　笠井亮平

東京の謎《ミステリー》　門井慶喜

歴史・時代小説教室　安部龍太郎 門井慶喜 畠中 恵

お茶と権力　田中仙堂

明治日本はアメリカから 何を学んだのか　小川原正道

歴史人口学で見た日本〈増補版〉　速水 融

小さな家の思想　長尾重武

日中百年戦争　城山英巳

極秘資料は語る 皇室財産　奥野修司

装飾古墳の謎　河野一隆

（2023. 06）A　品切の節はご容赦下さい